...continuará...

Kabbalah Publishing es una DBA registrada de
Kabbalah Centre International, Inc.

Para más información:

The Kabbalah Centre
155 E. 48th St., New York, NY 10017
1062 S. Robertson Blvd., Los Ángeles, CA 90035

1.800.Kabbalah
www.kabbalah.com/espanol

Impreso en Canada, noviembre 2021

ISBN13: 978-1-57189-873-9

Diseño: HL Design (Hyun Min Lee) www.hldesignco.com

Para más información sobre cómo contactar los diferentes Centros y grupos de estudio de Kabbalah de habla hispana te invitamos a ver la página 234.

...continuará...

la reencarnación
y el propósito de nuestras vidas

karen berg

directora espiritual del Centro de Kabbalah

Índice

Todo provino de la semilla de Adán.
Todos reencarnamos de Adán.

(Es curioso; hoy en día decimos que todo empezó con el átomo).

Prólogo

Si este es el primer libro que lees del Centro de Kabbalah, es conveniente que haga una breve introducción. A lo largo de *Continuará*, leerás sobre el Rav. Él es mi marido, mi maestro y mi alma gemela. A él se le otorgó la responsabilidad de liderar el Centro de Kabbalah tras el fallecimiento de su maestro, Rav Brandwein, en 1969. La Kabbalah es una sabiduría espiritual ancestral que tradicionalmente estuvo reservada para los eruditos de mayor edad. Pero juntos, el Rav y yo abrimos las puertas de la Kabbalah para todas las personas del mundo que, independientemente de su edad, su género o su religión, desearan explorar esta sabiduría.

Aunque el Rav y yo hacíamos una pareja insólita —yo había tenido una formación laica pero espiritual, y el Rav una formación ortodoxa— nuestra peculiar unión se convirtió en la base del Centro de Kabbalah que ves hoy en día: un foro abierto para aquellos que aun no están iniciados en el camino de la Kabbalah pero que tienen un deseo de estudiar Kabbalah y de encontrar un lugar para hacerlo sin juicios ni limitaciones.

En el Centro de Kabbalah estudiamos y aplicamos las enseñanzas del Rav Isaac Luria —también conocido como el Arí, o el León, de Safed— uno de los más grandes kabbalistas que ha existido. Él fue el autor del texto clásico de 18 volúmenes llamado *Kitvé HaArí (Los escritos del Arí)*, que interpreta, sintetiza y sistematiza las enseñanzas del *Zóhar*, el denso texto sagrado que es fundamental para la Kabbalah. Curiosamente, el Arí mismo escribió muy poco del *Kitvé HaArí*. Sus enseñanzas orales fueron registradas por su estudiante Rav Jaim Vital, quien se ocupó de compilarlas y transcribirlas. En *Continuará*, haré alusión extensiva a la sabiduría Luriánica, específicamente del volumen conocido como *Las Puertas de la Reencarnación*.

Si este es tu primer contacto con nosotros, te doy la bienvenida a esta discusión de sabiduría kabbalística sobre la reencarnación. Es mi anhelo que lo que halles aquí te beneficie directamente y te inspire a seguir estudiando.

Introducción

¿Hay justicia?

Un estudiante va a su maestro y le pregunta: "Dime, Maestro, ¿hay justicia en este mundo? ¿O sólo hay castigo: ojo por ojo y diente por diente?".

El maestro contesta: "Mañana, ve a la plaza del pueblo y observa lo que sucede allí. Luego vuelve y compártelo conmigo".

Así pues, al día siguiente, el estudiante va al pueblo y encuentra un lugar discreto para observar lo que ocurre por allí. Ve a un hombre que camina hacia uno de los bancos del pequeño parque que se encuentra en el centro de la plaza del pueblo. El hombre coloca su gran valija debajo del banco y abre el periódico. Sin embargo, cuando ve a un amigo suyo que pasa por allí, se levanta de un salto y se une a él, dejando su valija y su periódico atrás.

Al cabo de un rato, llega otro hombre. Se sienta en el banco, ve la valija y la abre; al darse cuenta de que está llena de dinero, sus ojos se abren llenos de asombro. Tras mirar a su alrededor rápidamente y no ver a nadie, vuelca el contenido de la valija en su mochila, vuelve a colocar la valija debajo del banco de una patada y se va corriendo, llevándose con él su riqueza recién encontrada.

Ahora aparece un tercer hombre y se sienta en ese mismo banco, recostándose para disfrutar de ese hermoso día. El primer hombre regresa y dice: "Eh, ¿qué hiciste con mi valija?".

"No vi ninguna valija", dice el tercer hombre.

"¿De qué estás hablando? Aquí está, justo debajo de este banco. Y además los cerrojos están abiertos. ¿Qué hiciste con mi dinero?".

La discusión pronto se convierte en una pelea. El primer hombre deja totalmente por los suelos al desafortunado recién llegado, pero no logra averiguar nada sobre el paradero de su dinero. Finalmente, exhausto y lleno de indignación, se marcha.

Esa misma noche, el estudiante vuelve a ver a su maestro y le relata todo lo que ha presenciado. "¿Y cómo interpretas todo esto?", le pregunta el maestro. El estudiante dice: "De esto, sólo puedo concluir que no hay tal cosa como la justicia".

"¡Tienes ojos, pero no ves!", dice su maestro. "En su última vida, el primer hombre y el segundo hombre eran socios en un negocio, y el primer hombre le robó una fortuna al segundo hombre. Ahora es cuando el segundo hombre está recuperando lo que le fue robado".

"Está bien", dice el estudiante. "¿Pero qué hay del tercer hombre? ¿Por qué recibe una paliza?"

"Cuando estos dos socios fueron a juicio para resolver sus diferencias, el tercer hombre era el juez que injustamente se puso de lado del primer hombre".

Cuando experimentamos este mundo sin entender la reencarnación, a menudo nos parece (como le ocurrió al estudiante) que la vida es injusta. Pero esta historia señala la verdad más profunda: que aunque la justicia pueda no ser inmediata u obvia, siempre prevalece. El Karma —el equilibrio entre nuestras acciones y sus consecuencias, entre causa y efecto— debe cumplirse. Sólo debemos recordar que la balanza kármica puede tardar mucho tiempo en equilibrarse. Puede que no lo veamos ocurrir en esta vida, o puede que veamos el karma de vidas anteriores activándose ahora, pero sea como sea, no podemos reconocer verdaderamente lo que está sucediendo si no tomamos en cuenta la reencarnación.

Si viviéramos con un pleno conocimiento de la reencarnación y el karma, seríamos profundamente conscientes de la importancia de nuestras acciones y dejaríamos de sentir que somos víctimas de un mundo caótico y caprichoso. La vida tendría mucho más sentido, y sería infinitamente más satisfactoria.

El viaje del alma

Las personas mueren, y sus cuerpos se descomponen. Pero como dice la primera ley de la termodinámica, la energía sólo puede transformarse; no puede ser creada ni destruida. Las cosas no desaparecen simplemente de nuestro mundo físico. El agua se evapora, pero vuelve a la tierra como lluvia. Las montañas se convierten en rocas, que se convierten en arena. Incluso la muerte misma no puede resultar en una pérdida de energía, por lo cual la muerte, en realidad, no es el final definitivo de la vida.

Es más, la fuente raíz de nuestro ser —nuestra alma— ni siquiera forma parte de nuestro cuerpo físico. Piensa en un vaso y el agua que contiene. Existen juntos, pero el agua no forma parte del vaso. Si viertes el agua fuera del vaso, la calidad y la estructura del agua no cambia. El cuerpo también es un recipiente, distinto del alma que alberga. Así pues, cuando una persona muere, esa chispa de energía sagrada que es el alma no muere con esa persona. Regresa a su fuente, al Creador. Luego, después de atravesar por un proceso de limpieza espiritual, el alma tiene la oportunidad de encontrar un nuevo recipiente en el cual pasar otra vida.

El viaje de cada alma después de su muerte es único, pero casi todas las almas atraviesan un proceso de limpieza en un lugar que los kabbalistas llaman *Guehenom.* Este infierno, tal como lo describe el *Zóhar*, no es el infierno que comúnmente imaginamos; no tiene fuego ni azufre, ni demonios, ni tridentes, ni almas atormentadas. Ni siquiera es un lugar fijo. Es más como una lavandería transitoria, un lugar en donde las almas son lavadas; con la excepción de aquellas almas que abandonan el cuerpo en el día de Shabat. Debido a la energía especial de misericordia que está disponible en el Shabat, esas almas no atraviesan el mismo proceso.

¿Por qué reencarna el alma una y otra vez? Porque tiene lecciones profundas que aprender. En una reencarnación, un alma puede necesitar aprender sobre ser rico; en la próxima, puede necesitar aprender acerca de ser pobre. Puede que necesite aprender sobre la fortaleza o la debilidad, el enojo o la compasión, la belleza o la fealdad. Con cada encarnación, el alma regresa al mundo físico para corregir un aspecto distinto de sí misma. Al hacerlo, el alma vuelve a recuperar chispas de Luz, y las piezas del rompecabezas vuelven a reunirse. En el próximo capítulo describiré cómo nuestras vidas forman un rompecabezas y cómo al final, cuando nuestra alma está completa, regresa a la fuente de toda la Luz: el Creador.

Utilizando el concepto de reencarnación como una guía, este libro te ayudará a descubrir que tu propósito en la vida desde una perspectiva kabbalística es contribuir al viaje de descubrimiento de tu alma. Las páginas que siguen a continuación están divididas en tres partes. En la Parte I, aprenderás sobre las dinámicas de la reencarnación: cómo y por qué ocurren, y cómo, entre otras cosas, pueden contribuir a que encuentres a tu alma gemela. En la Parte II, descubrirás por qué los desafíos de la vida son una parte esencial del viaje de tu alma. Finalmente, la Parte III te proporcionará herramientas prácticas basadas en antigua sabiduría kabbalística —incluida una explicación sobre ángeles, astrología kabbalística y los indicios de vidas pasadas que pueden encontrarse grabados en nuestro rostro y en las palmas de nuestras manos— que pueden ayudarte a detectar los patrones clave de tu vida. A medida que te vuelvas más consciente del funcionamiento interno de la reencarnación, podrás utilizar estas herramientas para descubrir la razón por la cual estás aquí en esta vida. Luego, armado con este conocimiento, podrás dedicar tus energías a ayudar a tu alma en el viaje específico que debe completar antes de ser reunida con el Creador.

Parte I

El rompecabezas

Capítulo 1

Nuestro rompecabezas

El Creador nos da a cada uno de nosotros un alma, que a mí me gusta comparar con un rompecabezas con miles de piezas. Nuestro trabajo, a lo largo de muchas vidas, es juntar las piezas de este rompecabezas para que vuelva a estar completo. Antes de nacer en este mundo —mientras todavía somos uno con el Creador— se nos muestra cómo es el rompecabezas particular de nuestra alma con todas las piezas colocadas en su lugar. Allí arriba, donde no hay velos que escondan la verdad del Creador, aprendemos que sólo con un cuerpo físico podemos continuar el trabajo de armar nuestro rompecabezas, de completar aquella parte de nosotros mismos que debemos finalmente regresar al Creador. Se nos muestran las correcciones que nos quedan por hacer. Este es el trabajo que da propósito y significado a las numerosas vidas de nuestra alma y a esta, nuestra más reciente reencarnación.

Una vez que nacemos —una vez que nuestras almas se hacen manifiestas en este mundo físico— ya no podemos ver las piezas de nuestra alma en su forma ordenada. Sólo vemos fragmentos, que tenemos que encajar nosotros mismos a ciegas. Así pues, nos ponemos a trabajar, encontrando primero los bordes: nuestros padres, madres hermanos, maridos, esposas e hijos (o la ausencia de éstos). Estas piezas de los bordes encajan entre ellas para darnos el perfil general del rompecabezas. Pero luego vienen las entrañas del rompecabezas, que resultan mucho más difíciles de armar porque todavía no conocemos la historia que une a todas las piezas. Nuestra misión es descubrir esa historia.

A veces encontramos una pieza que, al principio, parece encajar en el lugar correcto, pero más tarde descubrimos que quizá no sea así. ¿Pero acaso no es eso lo que ocurre en la vida? ¿Una relación aparentemente maravillosa que no funciona? ¿La carrera profesional para la que llevamos años entrenándonos pero que no nos hace felices porque simplemente no encaja con nosotros?

¿Cómo hacemos para unir las piezas del rompecabezas correctamente? Primero entendiendo que este trabajo es la razón por la cual nacimos en esta vida, y luego involucrándonos en este proceso a cada minuto. La vida es involucrarse. Nos despertamos en la mañana y abrazamos a las personas que nos rodean. Creamos contactos de negocio. Saboreamos relaciones amorosas y de amistad. Habrá personas que no nos vuelvan locas, pero trataremos con ellas. Estas participaciones —algunas pequeñas, otras más grandes— son las piezas que conforman nuestras vidas.

Cuando vemos nuestra vida como una colección de piezas de rompecabezas, empezamos a aprender cómo comportarnos en situaciones difíciles. Recientemente, una amiga me contó que fue a cenar con una persona que dijo: "¿Karen Berg? Que persona tan terrible". Comentarios como este continuaron a lo largo de toda la cena. Cuando mi amiga me contó esta historia, pensé: "Podría enojarme y decir: '¿Cómo pudo decir estas cosas?'", pero en su lugar, me di cuenta de que esta experiencia también forma parte de mi rompecabezas. Es simplemente otra pieza entre muchas. No tiene que definirme, aunque sí quiero utilizarla para aprender algo de mí misma, para ver cómo encaja esta pieza en el cuadro completo de mi vida.

Hay una historia sobre el rey David que arroja luz a una experiencia similar. Cuando el rey David estaba viajando, un hombre llamado Kasbi lo maldijo. Los soldados del rey se acercaron a Kasbi para castigarle, pero el rey David dijo: "Si él me está maldiciendo, merezco ser maldecido". Con esto quiso decir que si hay algo en nuestra vida que presenta un desafío o una dificultad —como un padre severo, un compañero de trabajo maquinador, una enfermedad grave o una persona que habla mal de nosotros— nos pertenece (es decir, nos lo merecemos) porque de alguna forma encaja en el gran plan que nuestra alma vino a descubrir. La casualidad no existe: todo lo que sucede tiene la intención de enseñarnos una lección o darnos un mensaje. Absolutamente todo.

Y si, a lo largo de muchas vidas, nuestra alma logra finalmente entender todas sus lecciones y vuelve a unir todo el rompecabezas, entonces regresa su Luz allí donde pertenece: con el Creador, la Fuente de toda Luz. Todos estos fragmentos, estas piezas del rompecabezas, se reunirán después de que hayamos trabajado durante suficientes vidas los desafíos que afrontamos: éste el propósito por el cual estamos aquí en la Tierra.

Capítulo 2

¿Es la reencarnación una invención?

No estoy aquí para exponer argumentos en favor de la reencarnación. Prefiero compartir contigo lo que la Kabbalah dice sobre la reencarnación, sabiendo que esta sabiduría puede ayudarnos a todos a superar los obstáculos que encontramos a diario. Efectivamente, desde un punto de vista kabbalístico, no hay ningún argumento complejo para exponerse a favor de la reencarnación. La reencarnación es simplemente una realidad de la vida. Punto final.

En *Las Puertas de la Reencarnación*, Rav Isaac Luria (el Arí), describe las numerosas vidas de nuestros patriarcas y sabios — Adán, Jacobo, Esaú, Moisés, Isaac— y lo que volvieron a aprender y corregir. Por lo que dice el Arí entendemos que él mismo era una chispa de Rav Shimón bar Yojái, el autor del *Zóhar*. En este único volumen, el Arí explica los misterios más profundos del alma, incluso cómo y por qué puede que reencarnemos como animales o incluso como objetos inanimados tal como una piedra.

A pesar de la creencia kabbalística de que la reencarnación es algo cierto, algunas personas la ven como una invención. Pero sin una apreciación de este proceso, la mayoría de nosotros vamos como sonámbulos por la vida. Nos levantamos, vamos a trabajar, vamos a la escuela, venimos a casa, comemos, vemos la televisión, vamos a dormir... y al día siguiente volvemos a hacer lo mismo. Limitarnos a la información que recibimos de nuestros cinco sentidos nos impide ver el significado más profundo en esta vida y en este momento. Este es el motivo por el cual muchos de nosotros sentimos que la vida es algo que nos ocurre fortuitamente, y que un día nos trae alegría y al día siguiente una tragedia. Como el estudiante que fue a la plaza del pueblo, no vemos cómo un suceso en particular en esta vida está conectado con acontecimientos que sucedieron en una vida previa. Una vez que entendemos el funcionamiento de la reencarnación, los sucesos aparentemente fortuitos adquieren de repente un nuevo significado.

A menudo cuando vamos manejando nuestro auto mientras charlamos con nuestro acompañante, nos sorprende haber llegado a nuestro destino. Cuando no prestamos atención, vamos en piloto automático. Sucede lo mismo con otros aspectos de nuestra vida al seguir patrones bien establecidos de pensamientos y acciones sin realmente considerar lo que estamos haciendo.

Siempre es una buena idea trazar nuevos caminos, pero esto es especialmente cierto a medida que nos hacemos mayores. Los pensamientos nuevos crean nuevas conexiones entre las neuronas del cerebro, permitiendo que la mente esté alerta, ágil y capacitada para crear pensamientos novedosos. Sin estos nuevos caminos, el cerebro tiene la tendencia a perder sus maravillosas funciones a lo largo del tiempo, igual que cualquier otro órgano, músculo, ligamento o hueso al que no desafiamos. Lo mismo ocurre con el espíritu. Piensa en la experiencia de los astronautas.

¿Cuánto más pueden alejarse de su zona de confort? Pero al viajar al entorno hostil del espacio —saliendo de su zona de confort terrestre— regresan profundamente cambiados. Un kabbalista podría decir que al viajar al espacio exterior, los astronautas extraen de una fuente espiritual, conectándose con el cordón umbilical de la Luz del Creador. Como es Arriba, es Abajo. Algunos dicen que este cordón espiritual, compuesto de energía, el aliento de vida del Creador, permite que la Luz fluya a nuestro mundo, imbuyendo cada átomo, molécula y célula en la Tierra.

El espacio es parte de ese cordón. Cuando viajamos por el espacio, nos conectamos con la Luz y no podemos evitar regresar alterados.

Por supuesto, no estoy sugiriendo que te conviertas en un astronauta. Pero sí te pido que reflexiones sobre la posibilidad de que la realidad pueda ser distinta de lo que has estado pensando que es. En esa línea, me gustaría que probaras algo: asume por el momento que la reencarnación es un hecho. Esto puede significar que dejes a un lado tu mente más racional. La idea es que dejes ir lo que piensas que sabes para poder despertar tu conciencia. Cuando lo hagas, estoy segura de que verás señales a tu alrededor que apoyen este cambio.

Experiencias cercanas a la muerte

Las personas que han vivido una experiencia cercana a la muerte, a menudo dicen cosas como: "Vi personas que sabía que habían fallecido esperándome al otro lado del túnel". También se describen frecuentemente acercándose a la Luz. La mayoría de nosotros no tenemos la oportunidad de experimentar cómo sería morir y regresar a la vida. A las personas que lo hacen, se les da la oportunidad de extraer del cordón umbilical de la Luz. Esencialmente, el Creador les dice: "Te doy de vuelta tu vida porque todavía tienes una misión que cumplir".

La mayoría de nosotros tenemos que esperar a nuestra próxima encarnación para continuar nuestra misión espiritual, pero las pocas personas que han tenido una experiencia cercana a la muerte obtienen una segunda oportunidad en la misma vida. Un hombre que conozco, un sanador, trabajaba antes como ingeniero en una gran empresa. Él murió durante una intervención médica, pero cuando estaba abandonando su cuerpo, oyó voces celestiales que decían: "Vamos a enviarte de vuelta. Pero sólo para que ayudes a otros. Se te ha dado esta oportunidad para que utilices tus poderes como sanador". Todo el mundo tiene el poder de sanarse a sí mismo, y quizá incluso a los demás, pero a este hombre se le había entregado el milagroso don de la sanación. Se le dijo: "Ahora vas a volver para que puedas utilizarlo". Y así lo hizo.

Marcas y defectos de nacimiento

El Dr. Ian Stevenson, un profesor de psiquiatría de la Universidad de Virginia, es uno de los investigadores más destacados sobre la reencarnación. Él viajó extensamente desde 1966 a 1971 recopilando información sobre más de 2.600 casos reportados de recuerdos de vidas pasadas, la mayoría de niños pequeños. Él publicó su investigación en su libro *Children Who Remember Previous Lives: A Question of Reincarnation*[1] (Niños que recuerdan vidas pasadas: Una cuestión de reencarnación). Muchos de esos niños provenían de países budistas e hinduistas del sur de Asia, de los chiítas del Líbano y Turquía, y de las tribus del oeste de África y del noroeste de América.

El Dr. Stevenson recopilaba información específica de los recuerdos de los niños y la contrastaba con los datos de la identidad anterior que ellos afirmaban tener: su familia, el lugar donde decían que habían vivido, la causa de su muerte. Se enfocaba en niños porque ellos eran menos capaces de inventarse los numerosos detalles de una vida previa. (O, como diría el Rav, todavía no estaban ADULT(o)-erados; es decir, que todavía estaban cercanos a sus experiencias de vidas pasadas.) Stevenson creía que en particular el trauma y la muerte violenta en una vida dejaban evidencias físicas en la siguiente. Identificó más de cuarenta casos de niños y algunos adultos que afirmaban haber sufrido muertes violentas en vidas pasadas y tenían marcas de nacimiento en las áreas de sus heridas letales. Stevenson detalló su investigación de las marcas y los defectos de nacimiento en su trabajo de varios volúmenes llamado *Reincarnation and Biology: A Contribution to the Etiology of Birthmarks and Birth Defects*[2] (Reencarnación y biología: una contribución a la etiología de marcas y defectos de nacimiento).

Stevenson también escribió sobre las fascinantes experiencias de Jeffrey Keene. Keene era ayudante del jefe de bomberos de Westport, Connecticut. En su cumpleaños número 30, experimentó un gran dolor repentino en su mandíbula que cada vez se ponía peor. En la sala de urgencias le realizaron numerosas pruebas médicas, pero los médicos no podían identificar la fuente del dolor. Finalmente, el dolor remitió. ¿Fin de la historia? No del todo.

Catorce años más tarde, Keene estaba de vacaciones cuando paró en Sharpsburg, Maryland, escena en la que tuvo lugar la batalla de Antietam de la Guerra Civil Americana. Sintió como si el campo de batalla le llamara. Caminando por el área de "Sunken Road", tuvo una reacción física y emocional muy fuerte, que describe en su libro llamado: *Someone Else's Yesterday: The Confederate General and Connecticut Yankee: A Past Life Revealed*[3]. (El pasado de otro: El General confederado y el yanqui de Connecticut: Una vida pasada revelada).

> *Me invadió una ola de pena, tristeza y enojo. Sin previo aviso, fui abrumado por aquellas sensaciones. Lágrimas de dolor empezaron a caer por mis mejillas. Me costaba respirar. Jadeaba en busca de aire mientras me encontraba paralizado sobre aquella antigua carretera. Hasta el día de hoy no puedo decirte cuánto tiempo pasó, pero cuando aquellos sentimientos, aquella carga emocional se fue calmando, me sentí exhausto, como si hubiera corrido una maratón...*

Keene no entendía por qué había experimentado aquellas sensaciones, pero antes de abandonar Sharpsburg, compró una revista sobre la Guerra Civil que hablaba sobre la batalla de Antietam. Hojeando aquella publicación meses después, encontró una fotografía del General John Gordon, con quien guardaba un sorprendente parecido. (La foto de la izquierda compara sus rasgos faciales.) Luego descubrió que el General Confederado fue gravemente herido en Sunken Road el 17 de septiembre de 1862, durante la batalla de Antietam, habiendo recibido heridas de bala que atravesaron su mejilla derecha, su frente y la parte inferior a su ojo izquierdo. En aquel momento tenía treinta años de edad, la misma edad que tenía Keene cuando experimentó aquel misterioso dolor en su mandíbula. Keene también tenía tres marcas de nacimiento únicas en los mismos lugares en los que el General Gordon había sido disparado. (Pueden encontrarse fotografías que comparan sus caras en las colecciones de la Biblioteca del Congreso de los Estados Unidos y los Archivos Nacionales.)

Casos como los de Jeffrey Keene indican que ciertos rasgos faciales —aun cuando son resultado de lesiones graves o letales— siguen estando presentes de una vida a otra. Esta observación sugiere que el alma proyecta un patrón de energía que da forma al cuerpo en general y a los rasgos faciales en particular. Explicaré más cosas sobre esto en la Parte III del presente libro.

Recuerdos de vidas pasadas y Déjà Vu

Cuando abandonamos este mundo, la puerta se cierra. Cuando reencarnamos, la puerta vuelve a abrirse. Sin embargo, a veces cuando reencarnamos, la puerta de una vida pasada se queda ligeramente entreabierta. Esto explica cómo algunas personas pueden recordar incidentes o detalles específicos de sus vidas pasadas. Cuando tú y yo experimentamos un atisbo de estas características, lo llamamos *déjà vu*. En francés, estas palabras significan "ya visto". Puedes estar con un amigo tomando un té, por ejemplo, cuando súbitamente tienes una clara sensación de que ya has vivido eso antes. O puede que conozcas a alguien nuevo y sientas la certeza de que ya conoces a esa persona, quizás muy bien (¿acaso esas manos no te resultan increíblemente familiares?), pero cuando consideran todas las conexiones posibles, queda claro que no pueden haberse conocido anteriormente.

Algunas experiencias de *déjà vu* son bastante dramáticas. Jeffrey Keene, por ejemplo, poseía un conocimiento detallado de la vida del General Gordon sin haber leído nada sobre él. Una vez, mientras visitaba un centro en el que se exhibían artefactos de una ceremonia de rendición Confederada en la cual había participado el General Gordon, Keene vio un póster que describía aquel acontecimiento. Sin embargo, de alguna forma Keene supo que la bandera dibujada en aquel póster era inexacta, y posteriormente identificó la correcta de entre un grupo de banderas que estaban expuestas en aquel centro. Después de investigar el asunto, el personal del centro verificó que la bandera que aparecía en el póster pertenecía ciertamente a un periodo posterior, y que Keene había identificado correctamente la bandera que realmente se utilizó en aquella ceremonia.

Hay muchos casos registrados de personas que experimentan recuerdos de vidas pasadas. La historia de James Leininger, de once años de edad, fue televisada en el programa de noticias de la cadena ABC llamado *Primetime*[4]. El chico sabía muchísimo sobre los aviones de batalla de la Segunda Guerra Mundial sin siquiera haber leído nada sobre el tema. Les dijo a sus padres que él había muerto en un accidente de avión, e incluso les dio el nombre de la compañía aérea a la que había sido asignado, así como el nombre de su mejor amigo a bordo de aquel avión. ¿Cómo podía conocer los nombres de las personas con las que había trabajado antes de nacer en esta vida?

Aun así sus padres pudieron llegar a validar los detalles históricos que él les había dado. Descubrieron que el hombre que su hijo describía también se llamaba James, James Huston. Eventualmente, los padres de James reunieron a su hijo con la única hermana viva de James Huston. Ella acabó convencida de que el pequeño James Leininger era sin duda la reencarnación de su hermano fallecido, James Huston, y le dio al pequeño James algunas de las pertenencias más apreciadas de su hermano.

Otro caso fascinante involucraba a otra niña llamada Barbro Karlen, nacida en Suecia en el seno de una familia católica muy devota. De pequeña, Barbro tuvo muchas pesadillas en las que era perseguida. A los diez años, viajó con su familia a Ámsterdam y sintió un fuerte impulso de visitar la casa de Anna Frank. Barbro no había leído *El diario de Ana Frank*, pero cuando sus padres llamaron a un taxi para ir a visitar la casa de Ana Frank, ella les dijo que no sería necesario porque la casa estaba muy cerca. Ante la sorpresa de sus padres, Barbro mostró una extraordinaria familiaridad con la casa y describió cómo las cosas se habían movido de sitio. Cuando la familia entró en las habitaciones ocultas, Babro se sintió aterrorizada, igual que en sus sueños. Empezó a tener sudores fríos y dificultad para respirar.

Ella describe esta experiencia en su novela, *And the Wolves Howled: Fragments of two lifetimes*[5] (Y los lobos aullaron: Fragmentos de dos vidas), en la cual aparece como el personaje llamado Sara.

> *Cuando entraron en una de las habitaciones pequeñas, ella se paró de repente y sonrió un poco. Miró la pared que estaba frente a ella. "¡Mira, las fotografías de las estrellas de cine están todavía aquí!".*
>
> *Su madre miraba la pared vacía y no entendía nada. "¿Qué fotografías? La pared está vacía". Cuando Sara volvió a mirar, vio que era cierto. ¡La pared estaba vacía!*
>
> *Su madre estaba tan confundida que sintió el impulso de preguntarle a uno de los guías si sabía si alguna vez había habido fotografías en aquella pared. "Ah, sí, sólo las sacaron temporalmente para enmarcarlas con un vidrio y así no puedan ser destruidas o robadas". La madre de Sara no supo qué decir.*

Hay muchos ejemplos como estos en los que la puerta a una vida pasada no se cierra completamente y experimentamos un *déjà vu*. ¿Por qué cuando acabas de conocer a alguien te gusta instantáneamente, e incluso al cabo de unos minutos ya actúan como si fueran hermanas? La verdad es que ya hemos vivido antes con las personas que nos rodean, con nuestros amigos y familia. De la misma forma, las personas que instintivamente no nos gustan, pueden habernos herido en una vida previa, y aunque no podamos saber exactamente por qué, nos sentimos incómodos cuando están cerca de nosotros y desconfiamos de ellos de forma instintiva.

¿De dónde proviene todo esto? Recuerda que el cuerpo humano funciona a través de intercambios de energía eléctrica, positiva y negativa, y que esa energía no puede destruirse ni perderse; solo puede tomar una nueva forma. Lo que vemos y sentimos en esta vida puede desencadenarse a partir de experiencias de vidas pasadas; a través de personas que están a nuestro alrededor, que pueden habernos querido o habernos lastimado. Esto puede resultar bastante confuso a medida que avanzamos de una vida a la siguiente, porque los papeles pueden cambiar. Un hermano en la vida anterior pudo haber sido un padre en una vida previa; una amiga pudo haber sido una madre, etcétera.

Nuestros miedos y nuestras vidas pasadas

Otra forma de saber más sobre nuestras vidas pasadas es a través de nuestros miedos y fobias aparentemente irracionales. Podemos tener miedo a las alturas; podemos tener terror al agua; podemos sentir pánico con las serpientes, las arañas o los perros. Podemos sentir miedo de todo tipo de cosas que no parecen tener sentido en nuestra vida actual. Eso se debe a que estos miedos son el resultado de lo que experimentamos en otra vida. Quizás fuimos heridos por un perro, o nos ahogamos, o sufrimos una caída mortal mientras escalábamos una montaña. Al identificar nuestros miedos aparentemente inexplicables, podemos juntar más piezas del rompecabezas sobre nuestra última reencarnación.

Nuestras experiencias traumáticas de vidas pasadas se relacionan con los miedos que sufrimos en esta vida. Las personas cuya vida anterior finalizó el 11 de septiembre podrían tener miedo a las alturas o al fuego o a volar en un avión. O si sentimos amor en una vida pasada, pero cada vez que entregamos nuestro corazón fuimos lastimados o quizá abusados por nuestro cónyuge, podemos tener tanto miedo a las relaciones de pareja en esta vida que simplemente nos neguemos a comprometernos en una.

Regresión hipnótica

Muchas personas participan en una regresión hipnótica en un intento de tomar contacto con encarnaciones previas. No me refiero a una regresión en la que te cuentan quién fuiste en una vida pasada, como por ejemplo la Reina Isabel I o Mata Hari. Eso es ciertamente interesante, aunque tiendo a sospechar de que tantos de nosotros hayamos sido personajes famosos en vidas pasadas. Pero claro, ¿quién querría pagar dinero para averiguar que una vez fue un esclavo en un galeón o un siervo medieval o un ladrón o un asesino?

Pero no, yo hablo aquí sobre el viaje del alma. Todos empezamos este ciclo de reencarnación como chispas de Luz, y a lo largo de los milenios, nuestra alma continua evolucionando hasta que restauramos totalmente la roca que tomamos de aquella montaña llamada el Creador. Estoy hablando del proceso que finalmente permite que nuestro rompecabezas finalizado regrese a la caja de la cual vino. Este proceso lleva incontables años; de hecho, años Luz de encarnaciones.

El Rav me ha dicho que él y yo estuvimos juntos durante la Inquisición Española. Él se quedó en España y murió allí, pero yo me convertí al catolicismo y abandoné el país. Esto podría ser cierto, ¿pero cómo puedo saberlo con certeza? A veces visito a videntes, y cuando ellos corroboran lo que yo conozco de una vida pasada, me digo a mí misma: "Está bien, esto tiene que ser cierto". Puede que no funcione para ti, pero para mí, las lecturas de videntes, o las regresiones hipnóticas, pueden servir como confirmación. En mi opinión, la regresión hipnótica puede ser una buena forma de descubrir cosas que necesitamos reparar en nuestra vida actual: podemos utilizar esta información como una herramienta para el cambio, para averiguar cómo podemos hacer una corrección kármica, para descubrir cuál es realmente nuestra misión en la vida.

Las señales están por todas partes

Cuando deseas saber si un momento de *déjà vu* o un suceso sincrónico se trata realmente de una comunicación espiritual, puedes pedir al universo que te guíe con una señal. Yo lo hago todo el tiempo. Puedes plantear una pregunta a una persona aleatoria que no conoces; su respuesta será tu respuesta. O puedes pedir específicamente ser testigo de un acontecimiento fuera de lo ordinario como confirmación de que lo que has visto u oído es verdad: "En cuatro días, permíteme ver dos perros blancos caminando por la calle, o que dos camiones de correos seguidos pasen por mi lado si este trabajo es realmente para mí". Este tipo de cosas sí suceden; te están llamando todo el tiempo. Y si estás alerta, si estás plenamente consciente cuando ocurren, sabrás que te encuentras en el lugar adecuado.

Tengo una amiga que estaba en una relación muy difícil con un hombre que vivía en Turquía. Dana estaba sufriendo mucho por ello, y estaba intentando decidir si debía ir a verlo. Un día fue a un café de su barrio y pidió una señal. Al poco rato, justo cuando estaba a punto de pedir su comida, su atención se enfocó en el sonido de un grupo de personas que hablaban en turco. Ella pensó: "¡Dios mío, qué locura! ¡Esto no es una señal, es un cartel luminoso!". Justo cuando estoy decidiendo si debo ir a Turquía, ¡escucho a personas hablando en turco en una panadería belga de Nueva York!". Entonces una de las mujeres dijo con mucha fuerza, en un marcado acento turco: "Ella no puede volar a Estambul". Eso fue lo único que dijeron en inglés, y luego continuaron con su conversación en turco. Mi amiga se quedó asombrada. Se acercó a la mesa de aquellas personas, se disculpó por entrometerse, y le preguntó a la mujer: "¿Ha dicho 'ella puede volar a Estambul' o 'ella no puede volar a Estambul'"? La mujer respondió con firmeza: "no puede".

Dana tuvo su respuesta.

Capítulo 3

La evolución del alma

"Y el espíritu regresa de vuelta al Creador que lo dio. Es decir, regresa de vuelta a Él en perfección".

—El *Zóhar*

Como mencioné previamente, varias fuentes principales de la Kabbalah, incluidos el *Zóhar* y *Los Escritos del Arí*, nos informan que nacemos en este mundo con una chispa de energía Divina y que es nuestro trabajo regresar eventualmente esa energía a su fuente original: el Creador. Sin embargo, también necesitamos regresarla "perfeccionada". Y si no está perfeccionada —es decir, exactamente como estaba cuando se nos entregó originalmente— entonces debe regresar a este mundo físico en una nueva vasija para intentarlo de nuevo.

> *Y si el alma no regresa perfecta como era CUANDO FUE ENTREGADA, el verso dice sobre esto: "allá vuelven ellas" (Eclesiastés 1:7), para ella y para todas las otras almas QUE SON COMO ÉSTA, ES DECIR, NO PERFECTAS. EN OTRAS PALABRAS, REGRESAN A ESTE MUNDO EN UNA ENCARNACIÓN.*
>
> —El *Zóhar*, Pinjás 10:49

¿Qué significa esto? Simplemente que reencarnamos para dar a nuestra alma la oportunidad de madurar, de purificarse, de volverse perfecta. ¿Recuerdas el personaje de Bill Murray en la película *Groundhog Day* (titulada en otros países como *Atrapado en el tiempo, Hechizo del tiempo o el Día de la marmota*)? Cuando la película empieza, él es una persona egoísta, narcisista, sarcástica, cruel e hiriente, en definitiva no es una persona con la que te gustaría pasar el rato. Su destino es revivir el día de la marmota una y otra vez. Cuando lo descubre, al principio se enfada y se comporta todavía peor. Pero gradualmente llega a entender el valor del comportamiento desinteresado hasta que al final lo entiende, se gana el amor de la chica, y logra pasar al día siguiente —3 de febrero— e iniciar una nueva vida. Podríamos decir que después de tener que regresar una y otra vez, su alma evoluciona finalmente a la siguiente fase.

¿Cómo evoluciona un alma?

A lo largo de sus muchas vidas, el alma cambia y se desarrolla. Estas son las tres fases básicas de su evolución:

- **Fase bebé:** El alma desciende adoptando una forma física, come, duerme y juega. Experimenta la vida como si fuera un niño pequeño.

- **Segunda fase:** A medida que el alma madura, busca más que un simple disfrute. Quiere aprender, desarrollarse, ser algo más de lo que es hoy.

- **Tercera fase:** El alma madura se da cuenta de que sólo puede sentirse plena a través de actos de compartir.

El Arí dice que el número de veces que debe repetirse este ciclo antes de alcanzar la corrección total depende de cada alma individual. Sin embargo, hay un requerimiento mínimo. Si el alma atraviesa su primera vida sin realizar ningún progreso, se le permite volver tres veces más. Si al final de ese tiempo —es decir, tras un total de cuatro encarnaciones— no ha habido progreso, el alma regresa al abismo. Sin embargo, si se realiza progreso en alguna de esas vidas, entonces no se ponen más límites con respecto al número de reencarnaciones necesarias para completar la misión de corrección. Pero hay una salvedad: aunque se realice progreso, el peligro de volver a retroceder está presente en cualquier vida.

Cualquier alma que haya reencarnado más de cuatro veces ha hecho parte de su trabajo en este mundo. En el transcurso de varias encarnaciones, algo le dice al alma que busque algo más que diversión. El alma empieza a desear un propósito. Todo puede empezar con un simple sentimiento: "Tengo que hacer algo por mi comunidad" o "tengo que hacer algo para alimentar a los pobres" o "necesito asegurarme de que todas las personas de este mundo tengan agua potable". Desde este punto de partida, el alma crece, y a medida que madura, su energía se vuelve más refinada.

Las personas que ayudan a los demás, a su comunidad o a su país, puede que no digan "vine a este mundo con un propósito", pero han empezado a salirse de sí mismas y de sus propias necesidades individuales. Esto puede suceder en cualquier edad y etapa de la vida. Cuando los individuos se enfocan en el bienestar de los demás, se convierten en lo que llamamos personas justas, almas elevadas. El Creador nos anima a todos a que nos preguntemos qué vinimos a hacer aquí, pero a veces necesitamos madurar y aprender para poder hacerlo. No podemos esperar que un bebé se sienta motivado por el deseo de ir a la universidad.

Nuestras almas eligen nuestro destino

Cuando nuestra alma se prepara para reencarnar, se nos cuenta lo que hicimos en nuestra vida inmediatamente anterior y qué trabajo aun debemos finalizar. Se nos dice lo que necesita nuestra alma superior. En el momento de la concepción (bien ocurra de forma tradicional o in Vitro), el alma ve el rompecabezas en su totalidad y elige entrar en una encarnación específica, siendo consciente de qué es lo que necesita para crecer.

¿Pero por qué elegiría un alma nacer en dificultades abrumadoras como la enfermedad, el abuso o la mayor miseria? Mientras todavía es una chispa de Luz, el alma ve este mundo de manera similar a como un satélite ve la Tierra. Desde ese lugar ventajoso, puede observar no sólo dónde ha estado, sino dónde debe ir y qué tipo de entorno le ayudará a finalizar su corrección. El alma identifica a las personas y las circunstancias que le ayudarán a completar su proceso particular y luego elige el entorno en el cual venir aquí.

La conciencia de los padres del nuevo bebé también contribuye en el proceso que determina qué tipo de alma atraerán a sí mismos. Por ejemplo, si un hombre tiene sexo con otra mujer y luego llega a casa y se acuesta con su mujer, lo más probable es que sus pensamientos estén en otra parte. Aun así, puede que tenga sexo con su esposa movido por la culpa o por un sentido del deber. Quizá él ya no esté involucrado en la relación, quizá no lo esté ella. Esos sentimientos, o carencia de sentimientos —ese estado particular de conciencia— atraen un alma que necesita exactamente este entorno.

El alma que elige ser concebida en ese momento particular y nacer de esa pareja concreta, tendrá un proceso correctivo que implicará un desafío con los padres o con las relaciones. En una vida pasada, esta alma pudo haber hecho algo que desunió a su familia, o pudo haber sido un mujeriego. Para corregir ese aspecto de sí misma, el alma viene a un hogar donde hay insatisfacción, oposición, e incluso depresión. En realidad el alma ve la conciencia de esta pareja, reconoce que esta relación difícil será buena para su *tikún* (la palabra hebrea que significa "corrección", que se entiende también como karma), y elige nacer en ésta. La conciencia de los padres ayuda a definir la circunstancia. El alma puede llegar a este matrimonio en particular como un niño que nace "por accidente". Puede que la pareja no deseara necesariamente un hijo, pero aun así, fue concebido. Pero sea cual sea el entorno elegido, siempre es la única tierra en la cual la semilla de nuestra alma necesita ser cultivada.

Capítulo 4

Animales, árboles y piedras

Todo lo que nos rodea está implicado constantemente en un proceso de evolución y cambio. La pregunta que debemos hacernos es: ¿reconocemos esta evolución cuando la vemos? Como el Rav solía decir: "Las montañas pueden crecer". Incluso una roca evoluciona. ¿Difícil de creer? Piénsalo de esta forma: una roca puede ser triturada y transformada en cemento, que puede verterse en los cimientos de la casa de alguien. La energía que estaba originalmente en la roca proporciona ahora un refugio para las personas que viven en esa casa; así pues, en efecto, esa roca ha evolucionado en algo más de lo que era originalmente. Un árbol puede ser cortado y utilizado para crear una mesa, compartiendo su energía con las personas que se sientan alrededor de ella y comen, hablan y ríen. Esa energía es la que permite que entres en una casa y digas, de forma instintiva: "Oh, se siente uno muy bien aquí". O te digas a ti mismo: "Este lugar me pone los pelos de punta, estoy deseando salir de aquí". Lo que estás percibiendo es la Luz en esta mesa, esa silla, esta pared...todas las cosas que determinan la energía que hay en un hogar.

Cuando un hogar no provoca una buena sensación, ¿qué es lo que hace que queramos huir? En este caso, también se trituró una roca para convertirla en cemento y crear los cimientos, y un árbol fue trabajado para ser convertido en una mesa o una silla. La comodidad que sentimos viene de la energía específica de esa pieza particular de madera o piedra, junto con la forma en que fue utilizada y quién la utilizó.

La verdad es que todo tiene energía, y la energía nunca puede ser destruida. Dentro de cada trozo singular de materia en el universo reside una chispa de Luz. Adán fue la chispa original y completa de Luz que vino del Creador. Y a él se le encomendó la tarea de implantar la Luz en toda la creación. Al nombrar a los animales, los imbuyó de chispas de esa energía de Luz. Dijo: "Caballo", y una chispa entró en el caballo. Las *nitsot*, o chispas de Luz, que Adán colocó en todas las cosas, marcaron el inicio de la evolución.

La energía o chispa que reside en un animal o una piedra vino originariamente del hombre, y puede regresar al hombre. Parte de nuestro trabajo en este mundo físico consiste en elevar esas chispas no humanas e inanimadas cada vez que interactuamos con ellas. Cuando utilizamos objetos —ya sea un vestido, un trozo de tarta, o una silla— con la conciencia de hacerlo para revelar Luz, estamos en realidad elevando la chispa que existe dentro de estos objetos.

Esto me recuerda a un incidente que tuvo lugar en el Centro de Kabbalah. Una persona bienintencionada vendió sin darse cuenta los bancos de madera del santuario. Esto alteró enormemente al Rav debido a la gran energía que había en aquellos bancos, que a lo largo de los años habían sido imbuidos de la esencia de las personas que se sentaban en ellos para estudiar, dialogar y rezar. Aquellos bancos eran tan importantes que los localizamos para llevarlos de vuelta al Centro. Queríamos y necesitábamos su energía positiva a nuestro alrededor.

Reencarnar en formas no humanas

¿Por qué empecé este capítulo con una discusión sobre la energía y su presencia en los objetos inanimados como mesas, bancos y paredes de cemento? La Kabbalah nos enseña que cuando nuestra alma regresa a esta tierra sin enmendarse, puede volver en una variedad de formas distintas. Según el Arí, nuestras almas pueden reencarnar como animales, plantas, e incluso objetos inanimados. La chispa de Luz que hay en una hoja o en una roca pueden convertirse en un alma humana —o viceversa— como parte del proceso de evolución espiritual.

¿Por qué sucede esto? Porque necesitamos experimentar algo en esa encarnación —a través de la experiencia de ser una piedra, una hoja o una mascota— que no podríamos aprender de ninguna otra forma. La vida fue creada para vivirse con todos sus desafíos. Muchas personas intentan evadirse de la vida recurriendo a las drogas o el alcohol. Entiendo que la adicción es una enfermedad, pero desde una perspectiva espiritual, las personas que se automedican están, en esencia, eligiendo no jugar más el juego. Pero nadie más puede jugar nuestro juego personal por nosotros. Cuando nos evadimos y no asumimos la responsabilidad por la vida que nuestra alma ha elegido, puede que tengamos que reencarnar en una forma no humana para aprender a apreciar tanto nuestra capacidad para elegir como la importancia de nuestras elecciones.

A veces podemos mirar a los ojos de una persona que está muy drogada y decir que allí no hay nadie. Cuando una persona consume drogas duras, su cuerpo puede convertirse en una vasija vacía; no hay ninguna conciencia que lo ocupe. Pero desde una perspectiva kabbalística, sabemos que un cuerpo vacío crea la oportunidad de que otra cosa penetre en su interior, Dios no lo quiera. Efectivamente, una persona así puede atraer a un *dibuk*, o espíritu maligno. Hablaremos de los *dibuks* más adelante.

Una vida de perros

¿Qué tenemos nosotros que no tengan los animales? Tenemos la capacidad para entender las leyes espirituales y decidir si las seguiremos o no. Tenemos la capacidad para jugar el juego o evadirnos. Tenemos la capacidad para decir que no. Y las decisiones que tomamos en esta vida determinan qué forma adoptaremos en la siguiente.

Muchos animales domesticados tienen almas humanas que perdieron oportunidades en encarnaciones previas. Ahora, en sus vasijas no humanas, están aprendiendo la importancia de la elección y la restricción.

¿Qué es la restricción? Cada vez que recibimos energía sólo para nosotros mismos, estamos siendo controlados por nuestro Deseo de Recibir. Cada vez que tomamos energía codiciosamente sin compartirla —ya sea que dicha energía tenga la forma de sexo, dinero, drogas, alcohol o éxito—, cuando sólo tomamos sin dar nada a cambio, somos partícipes de lo que los kabbalistas llaman el Pan de la Vergüenza. Sí, recibiremos la energía, y nos llenará por un segundo, produciendo la excitación que anhelamos; pero sólo a corto plazo. Luego creará un cortocircuito, y en lugar de alegría, encontraremos vergüenza, negatividad y caos en nuestras vidas. En cambio, cuando practicamos la restricción, elegimos conscientemente no actuar en formas que nos llevan hacia el Pan de la Vergüenza.

Un alma humana que ha reencarnado como un perro ha perdido la oportunidad de practicar la restricción porque no la practicó en su última vida como humano. Esa persona se convirtió en un ser codicioso y egocéntrico, tomando energía sin dar nada a cambio. Y ahora esa alma ha regresado a la dimensión física para aprender sobre la restricción como un perro, el cual no puede hacer nada excepto aprender mediante la observación cómo otras personas dan a cambio y lo que ocurre cuando no lo hacen.

Imagina esta situación: un hombre alcohólico muere de cirrosis en el hígado porque se negó a ayudarse a sí mismo dejando de beber. Ahora ha reencarnado en el cuerpo de un perro que tiene que observar con impotencia cómo su dueño alcohólico destruye su vida. El perro sufre por esta situación, pero es un animal y no puede hablar, por lo que no puede hacer otra cosa que estar ahí. Así es como se siente un maestro espiritual cuando ve cómo un estudiante va por el camino equivocado. No le puedes decir: "No vayas por ahí", porque las personas necesitan aprender esas lecciones por sí mismas. Pero no poder hacer más por ayudar es muy doloroso.

En cuanto al alma en el perro que observa la autodestrucción de su dueño, ahora puede ver lo que se hizo a sí misma en su última vida. Pero no hay nada que esa alma pueda hacer al respecto. Sin embargo, tras la muerte del perro, el alma regresa finalmente a este mundo en forma humana una vez más y se le da otra oportunidad. No obstante, sin ese entendimiento que obtuvo como perro sobre lo que venía a corregir, el alma probablemente repetiría sus errores y seguiría regresando como un animal. Aprender sobre nuestras vidas pasadas y lo que vinimos a corregir es esencial para permitirnos llevar a cabo el trabajo de esta vida.

Imagina otra situación en la que un hombre ha sido un traficante de drogas. En su vida pasada lastimó a muchas personas, no porque quisiera sino porque necesitaba dinero para su propia adicción. A lo largo de su camino, vendió drogas a adolescentes y mató a un par de rivales en una disputa. Ahora ha reencarnado como un gato cuyo dueño es un trabajador social dedicado a trabajar con adolescentes problemáticos para que puedan resistir la presión de grupo y no entrar en el crimen por dinero, poder y prestigio. El alma del gato observa esto y piensa: "¿Por qué no vi a este hombre cuando era un humano? ¿Por qué mis ojos no estaban abiertos para escoger este tipo de vida?". Plenamente consciente de lo que hizo en su vida anterior, esta alma tendrá que esperar otra encarnación para empezar a cambiar los efectos de sus acciones pasadas. Por ahora, sólo puede mirar.

La cabra del Arí

Como hemos visto, todas las chispas de Luz, todas las almas, evolucionan a través de un proceso de limpieza. Sin embargo, ocasionalmente, encontramos una excepción. Hay una historia en el *Zóhar* sobre el asno de Rav Pinjás ben Yair, cuya alma resulta ser la misma que la del asno de Bilaam. Así pues tenemos el caso de un asno que no evolucionó durante un largo periodo de tiempo. ¿Por qué? Porque este asno en realidad era más como un ángel. Por una parte, el asno podía hablar, y por otra comía sólo si sus dueños daban el diezmo del grano con el que lo alimentaban.

Más típica aún es la historia de una cabra que acudió al Arí y le dijo: "Ha llegado mi hora. No puedo vivir más en este cuerpo". El alma atrapada en la cabra estaba ahora preparada para reencarnar de nuevo en un ser humano. Pero la cabra le dijo al Arí, quien podía entender el lenguaje de los animales: "Necesito que me maten adecuadamente para que mi alma pueda elevarse. Mi cuerpo debe ser consumido. Esa es la única forma de que pueda ir al siguiente nivel". Entonces el Arí le hizo ese favor a la cabra dándole un sacrificio kosher. Este proceso es indoloro y compasivamente rápido. Además, según la Biblia, el alma reside en la sangre de un animal, y en el proceso kosher toda la sangre se drena para que no queden aspectos del alma en el cuerpo. Una vez finalizó el proceso, el Arí preparó y se comió la cabra, permitiendo así que alma humana que estaba dentro del animal se elevara para adoptar una forma humana.

En algunos casos excepcionales, las almas de personas muy malvadas reencarnan en animales. Al comer una pieza de carne de un animal que fue habitado por un alma malvada, podemos acabar hospedando un *dibuk*, puesto que el alma de esa persona negativa se introduce en nuestro ser. Al drenar la sangre del animal, nos aseguramos de que ningún espíritu negativo permanezca en el animal. Este es uno de los beneficios espirituales de comer carne kosher.

Hay un lado positivo en reencarnar como un animal. Sabemos que el alma de una persona justa que sólo tiene una pequeña corrección por hacer en este mundo a menudo entra en el cuerpo de un pez. El *Zóhar* nos dice que los peces que comemos en la noche de Shabat están imbuidos con la chispa de una persona justa. Esto nos ayuda a elevar nuestra propia conciencia en Shabat, permitiéndonos recibir una energía todavía mayor.

Convertirse en piedra

Una de las correcciones para las personas que utilizan mucho el habla de forma negativa, que parecen disfrutar lastimando a los demás con sus palabras, es reencarnar en una roca. Es como una sentencia de prisión indefinida, una forma de purgatorio en la cual la persona puede permanecer por el tiempo que sea.

El Arí identifica esta corrección en la historia de Bilaam el mago, que puede encontrarse al final del *Libro de Números* bíblico. El Arí explica que el alma de Bilaam tuvo cuatro encarnaciones. Primero se encarnó como Labán HaAramí, el suegro de Jacob y una persona muy negativa. Su próxima encarnación fue como Bilaam, el profeta que tenía el poder de lanzar maldiciones a las personas. Tras aquella vida, el alma de Bilaam reencarnó como una roca porque Bilaam había utilizado su boca de forma muy negativa, y como piedra ya no podía seguir haciéndolo. El alma de Bilaam tuvo una cuarta encarnación como Nabal HaKarmelí, un hombre que también es el protagonista de una interesante historia que aparece en Samuel I 25.

Antes de ser nombrado rey, el rey David envió a un grupo de sus hombres a ver a un hombre próspero llamado Nabal HaKarmelí, dándoles las siguientes instrucciones: "Díganle a Nabal que cuando su gente estaba viajando con sus rebaños, mis guerreros lo protegieron. A cambio de esta protección, ahora pido que Nabal le dé a mi gente comida y bebida para que puedan alimentarse".

Al Arí dice que había muchas otras personas a las que el rey David podía haber pedido comida y bebida, pero eligió enviar sus mensajeros a Nabal. ¿Y qué dijo Nabal? Aunque conocía al rey David muy bien, Nabal contestó: "¿Quién es David? De ninguna forma voy a ayudar a este don nadie".

Abigail, la esposa de Nabal, escuchó esta conversación y se dio cuenta de que su marido había cometido un grave error. Sin decirle nada a Nabal, corrió tras los mensajeros, los detuvo y les dio comida y bebida. Pero ya era demasiado tarde para salvar a su marido del ataque cardíaco que acabó con su vida. Según las palabras de Samuel I 25:37: "Y desmayó su corazón en él, y se quedó como una piedra".

Parece que Nabal malgastó esa encarnación. Después de todo, hizo algo terrible al final de su vida y murió a causa de ello. Pero el Arí nos da una comprensión más profunda del proceso espiritual que está en funcionamiento en este caso. El rey David no estaba simplemente enviando mensajeros a una persona cualquiera. Él sabía que el alma de Bilaam había reencarnado en Nabal, así que envió sus mensajeros allí para darle a Bilaam/Nabal una oportunidad de hacer su corrección espiritual. Lamentablemente, Nabal seguía siendo incapaz de controlar su lengua.

¿Pero que pasó a continuación? El Arí dice que de repente todo le fue revelado a Nabal. Se dio cuenta de que era la encarnación de Labán y Bilaam, y que por haber utilizado su boca negativamente como Bilaam había reencarnado en una piedra. Ahora vio que había perdido esta segunda oportunidad que le había proporcionado el rey David. Nabal se alteró tanto por este último fracaso que tuvo un ataque cardíaco y murió.

Cuando leemos esta historia de forma literal, parece que Nabal no era una buena persona. Pero si retrocedemos, podemos llegar a apreciar las medidas extraordinarias que llevó a cabo para elevar su alma. El Arí nos dice que hay grandeza en el alma de Labán/Bilaam/la piedra/Nabal. El Arí revela que la muerte de nabal fue *moté sharim* (la muerte de la rectitud). Efectivamente, puesto que Nabal fue consciente de todas sus encarnaciones y sintió tan intensamente el dolor de perder una oportunidad para elevarse, logró algo extraordinario: Nabal corrigió todas sus vidas con esta única muerte.

La lección de todo esto es que por muy negativos que seamos, por muy lejos que caigamos, siempre hay un camino de vuelta; aunque debamos reencarnar como piedra. Nuestra alma siempre tiene la oportunidad de reencarnar y corregir.

Una agenda para la reencarnación

Hay cuatro grados de la encarnación, los cuales pueden tardar cientos o miles de años en lograrse; piedra, planta (hoja), animal, humano. Cuando un alma humana está encerrada dentro de uno de los niveles inferiores, no siempre tiene la fortaleza para elevarse y ser corregida. Afortunadamente, hay ciertas ventanas de tiempo en las cuales se le da al alma la oportunidad especial de elevarse. Este es el significado de la frecuentemente citada frase bíblica: "Hay un tiempo señalado para todo, y hay un tiempo para cada suceso bajo el cielo" (Eclesiastés 3:1).

Cuando un alma humana reencarna en un objeto inanimado, está sentenciada a pasar un cierto número de años en ese estado. Cuando llega el momento de ascender de objeto inanimado a planta, sólo puede hacerlo durante los meses hebreos de *Av, Elul, Tishrei* y *Jeshván.* De otra forma, tiene que esperar hasta que vuelvan a llegar dichos meses al año siguiente. Ascender de planta a animal ocurre durante los meses de *Nisán, Iyar, Siván* y *Tamuz*, y de animal a humano en los meses de *Kislev, Tevet, Shevat* y *Adar.* Sin embargo, un alma que reside en un animal puede saltarse estos pasos si es sacrificada con un ritual y comida como la cabra del Arí.

Iburs

Un *Ibur* es un espíritu positivo, el alma de una persona justa que acude en nuestra ayuda entrando en nuestro ser cuando lo necesitamos. Un *Ibur* puede venir del mérito que nos hemos ganado.

En *Las Puertas de la Reencarnación*, el Arí le dice a su estudiante y escriba, Jaim Vital, que su esposa no es su alma gemela, y que en realidad su alma es masculina. Cuando un alma masculina existe en una mujer, ella no puede tener hijos; por este motivo, para poder tener un hijo, la esposa de Rav Jaim Vital necesita la ayuda de un *ibur*. Este *ibur* (que es el alma de Raquel, la esposa de Rav Akivá) entra en la esposa de Jaim vital, quien da a luz a una niña. Luego el *ibur* entra en la bebé, pero la bebé muere. Por lo tanto, una vez más, el *ibur* del alma de Raquel entra en la esposa de Jaim Vital. Ella queda encinta, y de nuevo da a luz a una niña. El alma de Raquel entra también en esta niña, y esta vez la niña sobrevive.

Dibuks

Como mencioné previamente, hay unas entidades malignas que pueden entrar en nuestro ser y que se llaman *dibuks*. Son las almas desplazadas de personas muertas que se apartaron de la Luz voluntariamente o se les negó la Luz debido a graves transgresiones. Fueron incapaces de realizar su *tikún* durante vidas pasadas, por lo que se les da otra oportunidad para hacerlo.

La palabra *dibuk* viene de una palabra hebrea que significa "anexo". Si hemos creado una abertura a causa de una pérdida de conciencia o un acto negativo, podemos ser habitados por un *dibuk*. También podemos contraer uno inocentemente bebiendo de un arroyo o un río. Si un espíritu negativo habita en un río y bebemos de sus aguas directamente sin un vaso, podemos absorber este espíritu negativo. Puede entrar en nuestro cuerpo, y de repente podemos encontrarnos comportándonos de forma distinta. Esta es la razón del precepto espiritual según el cual no se debe beber directamente de un arroyo, sino que debe utilizarse un recipiente de algún tipo.

Parte II

Las piezas

Capítulo 5

Nuestros desafíos

Vayejí erev, vayejí boker, yom ejad. (Génesis 1:5*)*

De la oscuridad surge la Luz.

Todo lo que sucede en nuestras vidas, sea bueno o malo, es una pieza de nuestro rompecabezas. Y todo lo que sucede contiene lecciones. Las personas y las experiencias que dan la bienvenida a nuestra alma cuando llega a este mundo —desde los padres que tratan de moldearnos a su imagen, hasta la persona que se sienta a nuestro lado en el trabajo; desde el amigo que nos traiciona, hasta el maestro que cree en nosotros— ya todos han estado antes con nosotros. Somos parte de un círculo que sigue formando nuestro entorno de una vida a la siguiente hasta que hacemos las correcciones apropiadas. Una vez que somos conscientes de que esta es la situación, debemos y podemos también entender que: "Si mi jefe me echa o mi novia rompe conmigo, entonces hay algo que necesito aprender de esto; debe haber algo que debo hacer mejor, o quizás la situación en sí misma está haciendo que me convierta en una persona mejor. Una cosa sí es cierta: esto ha venido para ayudarme".

En el Centro de Kabbalah enseñamos esto una y otra vez porque, en muchos aspectos, va en contra de la lógica. La Luz no viene a través de la Luz. La Luz viene a través de la oscuridad. La Luz se revela a través de nuestras dificultades, de nuestro dolor. Cuando sucede algo negativo, no significa que nos estén castigando. La Kabbalah nos dice que no existen víctimas. *Es a través de nuestros desafíos como perfeccionamos nuestra alma y nos convertimos en quien necesitamos ser.* Y cuanto más nos elevamos, más grandes se vuelven nuestros desafíos.

Luz y Oscuridad

El *Zóhar* dice:

> *El secreto de la reencarnación es que la Luz puede surgir de la oscuridad. La oscuridad surge de la Luz, Abraham surgió de la oscuridad, Téraj. La oscuridad ante la Luz como Esaú, quien vino primero.*
>
> —El *Zóhar*, *Behar* 11:64

Somos puestos en esta Tierra por tres motivos:

1. **Amor:** para amarnos a nosotros mismos, a los demás y a Dios.

2. **Perdón:** Para aprender cómo perdonar. No existe tal cosa como un cuerpo que no tenga Luz. Debemos ser suficientemente grandiosos como para amar al peor de los seres humanos de igual forma que el Creador ama al peor de los seres humanos.

3. **Transformación:** nuestra capacidad para sentir dolor es algo bueno. De hecho, es una de las herramientas más importantes que nos da el cuerpo. Nuestros desafíos nos

proporcionan oportunidades para pasar de un nivel a otro, pues la Luz y la oscuridad son paralelas y de igual medida. Cuanta más oscuridad hay para vencer, más Luz será revelada.

Imagina ser el hijo de un padre abusivo, nacido en una vida con todas las dificultades que un inicio como ese puede proporcionar. Pero una infancia así también puede convertirte en la mejor persona y la más compasiva que puedas ser. Lo que has vivido puede permitirte ver en los demás la chispa que ellos no pueden ver en sí mismos. Sí, esto es algo difícil de hacer, y nadie dice que no lo sea. No obstante, puede hacerse. Las personas se liberan de las adicciones más tenaces. Ciertamente es posible. Sí, a veces puedes tener la sensación de que estás luchando con una mano atada detrás de tu espalda, pero recuerda que todos nos estamos moviendo de la oscuridad a la Luz.

Las paradojas de lo bueno y lo malo

A veces lo que parece bueno puede ser en realidad malo para nosotros, ya que puede ser un bloqueo que impida que algo mejor venga en su lugar. Por ejemplo una relación que es demasiado cómoda para acabarse, a pesar de que ya no es adecuada para ti. Incluso la proximidad entre una madre y su hijo puede ser dañina si el hijo se siente tan protegido y cómodo con su madre que decide no crear el espacio para encontrar a su pareja.

Algunas personas piensan que tener mucho dinero es muy importante. "Las personas que son ricas lo tienen todo", les oímos decir. Pero la riqueza y el poder no crean necesariamente personas virtuosas o felices, e incluso tienen una desventaja que posiblemente no hemos considerado. Las personas (los hombres en particular) que son muy, muy ricos se enfrentan de forma constante a tentaciones que pueden llevarles a convertirse en unos mujeriegos. El poder que acompaña a las grandes riquezas puede hacer que sea más difícil para los hombres estar satisfechos con el tiempo que pasan en casa con sus esposas, y sus matrimonios, esposas e hijos pueden sufrir mucho por ello. La riqueza tiene un precio oculto.

Piensa también en el papel del dinero cuando se trata de vencer una adicción. Un adicto tiene que reconocer que lo es antes de empezar a luchar contra su adicción. ¿Cómo lo hace? Alcohólicos anónimos dice: "Una persona tiene que sentir que lo ha perdido todo, y al hacerlo, regresará". Pero a veces una persona tiene tanto dinero que no puede realmente tocar fondo. Su riqueza puede comprarle lo que desee, y lamentablemente eso incluye todas las drogas que necesita para acabar matándose a sí misma. En esta situación, la riqueza es una maldición, no una bendición.

La vida es una caja de sorpresas llena de inconsistencias y paradojas. Una persona puede ser extraordinariamente rica y sentirse menos segura o satisfecha que otra que tiene que buscar en los contenedores de basura para sobrevivir. En el Centro de Kabbalah, llamamos a nuestro libro de oración *Tefilá LeAní*, u Oración de los pobres, lo cual nos recuerda que en este mundo físico, todos estamos empobrecidos espiritualmente, independientemente de lo que nuestras cuentas bancarias puedan indicar. Todos somos vasijas vacías que buscan Luz. Venimos a este mundo, que no tiene Luz propia, para atraer Luz a través de nuestras propias acciones. Como dicen: "¿Quién es un hombre rico? Aquel que está satisfecho con lo que tiene".

La pobreza y la riqueza son sólo dos caras de la misma moneda; ambas son estados extremos que pueden proporcionarnos lo que necesitamos para crecer espiritualmente. Hace muchos años, el Rav y su maestro, Rav Brandwein, visitaron a un hombre enfermo de cáncer. El hombre se estaba quejando: "¿Cómo puede Dios hacerme esto a mí? Soy una buena persona. Soy observante. Rezo y sigo todos los preceptos. ¿Cómo puede ser?". Cuando se fueron, Rav Brandwein le dijo al Rav que era una lástima que este hombre estuviera perdiendo su oportunidad.

En el caso de este hombre, como miembro de una comunidad religiosa, había nacido en una vida de riqueza espiritual. Su enfermedad era su oportunidad de mostrar a su Creador quién era él, de mostrar que sabía que su cáncer era la ayuda que necesitaba para conectarse con la Luz. En cambio, él se sentía como una víctima, como si Dios le hubiera castigado sin merecerlo. Si lo hubiera comprendido verdaderamente, habría sabido que su enfermedad era parte de su *tikún*, su karma, y que por tanto era vital para la elevación de su alma. Lo que determina nuestra conexión con el Creador no es lo que nos ocurre, sino cómo lo vivimos.

Una vez oí un refrán revelador: "¿Cuál es la diferencia entre religión y espiritualidad? Las personas religiosas tienen miedo de ir al infierno. Las personas espirituales ya han estado allí". Las personas que se involucran en la espiritualidad suelen llegar allí tras haber aprendido a base de golpes, lo cual les fuerza a elegir entre la conciencia de víctima y el camino del crecimiento. Puede que hayan tenido que convertir su dolor en algo positivo diciéndose a sí mismas: "Está bien, han ocurrido todas estas cosas malas en mi vida. ¿Qué puedo hacer con esto? ¿Cómo puedo utilizarlo para algo bueno? ¿Cómo puedo darle un sentido?".

Ahora revisemos el tema del bien y el mal desde otro ángulo. En una ocasión estaba visitando a un estudiante que estaba cumpliendo condena en un correccional, cuando me preguntó: "¿Por qué aun habiendo tantas personas rezando por mí acabé en prisión?". Y la respuesta a la que llegamos juntos fue la siguiente: si no hubiera sido encarcelado, probablemente hoy estaría muerto a causa de su adicción al alcohol y las drogas. La cárcel salvó su vida. Así pues, ¿quiénes somos nosotros para decir que su encarcelamiento es algo malo?

Otro joven llamado Ángel formaba parte de un programa que llevamos a cabo en Panamá, en la cárcel del *Centro de Rehabilitación El Renacer*. Ángel habría podido tomar fácilmente el camino del "pobre de mí", pero en su lugar eligió compartir.

Esta es una carta que me envió desde Panamá:

Mi nombre es Ángel Francisco López y llevo en prisión 32 meses. Empecé a estudiar Kabbalah tres meses después de ingresar en prisión. Al principio, la impotencia de encontrarme en una situación como la mía —una que nunca pensé que fuera posible porque siempre he sido una buena persona involucrada en la cultura que alcanzó un cierto nivel de fama en la industria musical española— me hacía sentir tristeza y depresión. Me veía como la víctima de un plan malvado creado para acusarme a mí y a mi esposa de actividad criminal y mantenernos encerrados en prisión.

Gracias a los cursos que los voluntarios del Centro de Kabbalah daban semanalmente en El Renacer, fui capaz de aprender las herramientas asombrosas que ofrece este conocimiento. Me di cuenta de que estaba allí por una razón importante. Dejé de lado mis sentimientos de víctima. Poco a poco, pude desterrar mi depresión y tristeza, y comencé a darme cuenta de que no soy una isla. Empecé a identificar mis propias limitaciones; a luchar contra mi ego, que es la raíz de todos los problemas; a compartir desinteresadamente; y a aprovechar mi tiempo y dejar de quejarme.

Cuando llegué a este Centro de Rehabilitación, descubrí que había un modesto estudio de música, pero que no había nadie capacitado para ocuparse de éste. Inmediatamente me involucré. Poco a poco, empecé a aplicar lo que había aprendido de la Kabbalah, y todo empezó a fluir. Me di cuenta de que a través de mis conocimientos musicales podía ayudar a mis compañeros reclusos a encontrar una forma de expresarse. Les guié para que escribieran letras que dieran valor a la sociedad, para que crearan cambio en las personas que habían pasado por allí y los muchos que ya eran libres.

Fui testigo de casos de jóvenes adultos que se sentían orgullosos de ser capaces de crear música con mensaje. Se dieron cuenta de que podían aspirar a algo positivo en sus vidas. Muchos de ellos han seguido con sus carreras musicales hasta hoy. Mi intención con la remodelación era compartir, transmitir. Con la ayuda de los reclusos, he producido más de 60 canciones.

El año pasado tuve la idea de escribir un tema por la paz desde la cárcel. Quería enseñar a la sociedad que aquí todo no es oscuridad y maldad. Estoy convencido de que la Luz, como llamamos a Dios en la Kabbalah, me utilizó como canal para transmitir un mensaje importante a la sociedad panameña, primero con un tema que fue grabado con los presos que trabajaban en el proyecto. Más tarde, el tema generó el interés de un centro cultural. Ellos nos ayudaron a contactar con algunos artistas locales para grabar una segunda versión con más voces. Cuando acabamos el tema, fue presentado en un evento en el Centro de Rehabilitación El Renacer.

El ministro asistió. Hablamos con él un rato, visitó el estudio, y se llevó un CD con la canción. Unos días más tarde, me dijo que le había encantado el tema y que quería saber si estaba interesado en volverlo a grabar, ¡pero esta vez en un buen estudio y con artistas conocidos! La semilla que plantamos una tarde con mis amigos cuando les propuse escribir una canción por la paz que llegara a todo el mundo se convirtió en una realidad. Tuve el apoyo total del director del Centro y del sistema penitenciario para grabar la canción por la paz. El tema fue elegido como himno para el Concierto Anual por la Paz que tuvo lugar el 17 de abril de 2011.

Todo esto no habría sido posible si mi actitud no hubiera estado orientada por el conocimiento adquirido por la Kabbalah. Hoy confío cien por cien en la Luz. Sé que mi tiempo aquí me ha sido proporcionado por el Creador y que mi futuro estará lleno de los frutos de las diferentes semillas que planto hoy. Sé que mi trabajo personal tiene que ser diario y que mis dones artísticos tienen el papel de transmitir este conocimiento porque hoy el futuro de la humanidad lo necesita más que nunca.

Aquí no hay víctimas

Imagina una bella mujer para quien la apariencia lo es todo. Sus ropas, su maquillaje, su cabello, sus zapatos, su forma de actuar, su hogar, su familia, la mesa que pone: todo debe ser igual de bello. Probablemente todos conozcamos a alguien así. Y luego da a luz a un bebé imperfecto. ¿Por qué sucede algo así? ¿Cometió un error el Creador? Por supuesto que no. Quizás la lección que ella necesita aprender es que la vida es imperfecta.

A menudo no nos gusta pensar en los problemas a los que nos enfrentamos en la vida como algo nuestro. Queremos culpar de nuestra desgracia a alguien o a algo: nuestros padres, nuestro marido, nuestros hijos, nuestro jefe, Dios, el tiempo, el gobierno. Pensamos así porque es difícil vernos como realmente somos. No queremos entender lo que significan las piezas de rompecabezas en nuestra vida.

Pero si creemos que la chispa de Dios está en todos nosotros, entonces nunca podemos ser víctimas. Asumimos la responsabilidad de hacer la única elección real que la vida nos ofrece: crecer o no crecer. Interpretar el papel de víctima implica que no hay Luz. Interpretar el papel de víctima niega la existencia misma de la chispa del Creador.

Si una mujer permite que su marido abuse de ella, es porque no se da cuenta de que ella puede convertirse en algo diferente. En lugar de culpar a su marido (o de culparse a sí misma), ¿y si mirara el abuso como una lección para el crecimiento de su alma? La verdad es que ella está siendo invitada a reconocer la Luz que hay en ella misma y respetarla, así como a decidir que no permitirá a su marido abusar más de ella. Sé que esto suena mucho más simplista de lo que es. Y sé que no hay dos situaciones de abuso iguales. Cada una presenta sus propias elecciones y desafíos. Pero la curación comienza cuando se tiene conciencia de la Luz interior.

La pregunta que a menudo se me plantea es: "Si una persona es abusada en esta vida, ¿significa eso que fue abusiva en una vida pasada?". A menudo la respuesta a esta pregunta es sí, pero no necesitamos la reencarnación para verlo. Las investigaciones demuestran que un niño que ha recibido abusos con frecuencia se convierte en un adulto abusivo.

No obstante, permíteme enfatizar que esto no significa que tengas que quedarte ahí y aguantar el abuso. El dolor continuo no es algo que merezcas. Pero ayuda entender que la gente que recibe abusos puede haber sido abusiva en sus vidas anteriores, y que pueden necesitar sentir el mismo dolor ellas mismas para poder restaurar la chispa de Luz que arrebataron a otra persona con sus acciones dañinas previas. Debemos entender que el sistema es perfecto, que el universo no nos permitiría ser lastimados sin motivo. Sabiendo esto, podemos dar pasos para detener el abuso de la Luz que cada uno de nosotros lleva en su interior.

A menudo las almas nacen en circunstancias opuestas a aquellas que dejaron atrás. Un alma que fue desfigurada en su última vida puede venir a esta vida siendo físicamente bella. Como hemos visto, un alma que fue muy rica en su vida anterior puede venir a esta vida siendo muy pobre. Al alma se le da la oportunidad de crecer de muchas formas, de probar aspectos opuestos de la vida. Pero independientemente del tipo de vida a la cual vengamos, es nuestra respuesta a los desafíos lo que determinará finalmente el número de vidas que necesitará nuestra alma para "entender" y regresar a la Luz.

Escoge tus batallas/Elige tus desafíos

Algunos desafíos parece que nos son impuestos, pero hay otros que nos los provocamos nosotros mismos. Para crecer, necesitamos entender que a veces hacemos montañas de granos de arena. Cuando nos enfrentamos a nuestras pruebas y tribulaciones, debemos decidir si estamos tratando con rocas —acontecimientos relevantes que te cambian la vida— o guijarros —pequeñas molestias que parecen importantes pero en realidad no lo son—. Ciertamente, si miramos los problemas con detenimiento, nos damos cuenta de que la mayoría de dificultades en la vida no se merecen la energía que les dedicamos.

Por ejemplo, conozco personas cuyos hijos están sanos, son productivos y viven sus vidas felices. Aun así, estos padres se enfadan con sus hijos porque no se comportan de la forma en que ellos desean. No viven a la altura de sus expectativas. Se olvidan de traer sus mochilas de vuelta a casa; no llaman en un cumpleaños; no traen a sus nietos lo suficiente.

Estos padres necesitan preguntarse a sí mismos: "¿Qué es lo que quiero? Mis hijos son decentes, amables, generosos. No consumen drogas; no son ladrones; están viviendo buenas vidas. ¿Y qué, si no llamaron el domingo pasado? ¿Y qué, si fueron a casa de los consuegros en lugar de venir a la nuestra?". Todos tendemos a enfadarnos por pequeñas cosas, pero resulta útil ver que sólo son granos de arena. Puede que incluso nos preguntemos: "¿Están nuestros hijos ahí cuando los necesitamos? ¿Suelen llamar regularmente aunque esta vez no lo hicieron?". Quién sabe, quizás esta vez, Dios no lo quiera, algo fuera de lo ordinario sucedió que se los impidió.

Cualquier problema puede convertirse en una montaña si nosotros lo vemos así. Pero si nos decimos a nosotros mismos: "¿No son nuestros hijos lo que nosotros queremos que sean? Eso está bien. Por supuesto, siempre podrían ser más. Pero nosotros también podríamos ser más", entonces podemos poner nuestros problemas en una perspectiva más sana.

Las mujeres vienen a mí y dicen: "Mira, yo amo a mi marido, pero no es suficientemente amoroso conmigo" o "a él no le gusta ir al teatro ni a museos" o "no me hace regalos bonitos ni me trae flores en nuestro aniversario". Y yo les digo: "Tienes un hombre que te ama. Tienes un hombre que es generoso contigo. Tienes un hombre que está ahí para ti. ¿Quieres más? Mírate bien a ti misma. ¿Eres tú todo lo que deberías ser? ¿Estás dando todo lo que te gustaría recibir?".

Lamentablemente, muchos de nosotros arruinamos nuestras vidas totalmente debido a granos de arena, guijarros y otras tonterías. Creamos problemas allí donde no los hay.

¿Por qué sufren los niños?

Si Dios es omnisciente y omnipotente, ¿cómo puede cometer un error? ¿Por qué sentimos a veces que no hay justicia en este mundo? ¿Hemos malinterpretado las palabras de Dios? Por ejemplo, cuando vemos a un niño que nace en este mundo con deficiencia mental o que sufre de parálisis cerebral, cáncer, fibrosis cística, distrofia muscular o cualquier otra enfermedad que puede hacer la vida tan difícil, clamamos a Dios y pensamos: "¡No es justo!". Nos preguntamos: "Si el Creador es bueno y toda Su obra es buena, ¿por qué sufren los niños?".

Pero retrocedamos por un momento y pensemos en esta situación de otra forma. Imagina, por ejemplo, que una persona que va manejando el auto y enviando mensajes de texto por el móvil acaba atropellando a un niño. Los padres de este niño pueden hacerse la misma pregunta sobre la justicia que planteamos anteriormente. Pero la respuesta, según Rav Isaac Luria, es que Dios no creó la situación. No era Dios Quien estaba tras el volante de ese coche. No era Dios Quien iba demasiado ocupado con el teléfono para prestar atención a lo que pasaba a Su alrededor. No fue Dios Quien mató al niño. Fue el conductor que no había vencido a su naturaleza egocéntrica en esta vida. Él es el responsable del dolor y la destrucción que causaron sus acciones.

Así que cuando este conductor distraído muere eventualmente y se prepara para su siguiente encarnación, se le muestra a su alma su rompecabezas personal y se le da una opción: "Si vuelves como una persona lastimada o dañada, puedes restaurar parte de la Luz que eliminaste cuando mataste al niño". Su sufrimiento a través de la deformidad de su cuerpo en esta nueva vida recupera el pedazo de chispa que había perdido en su vida pasada y eleva su alma. Cuando entendemos que la muerte no es el final, sino simplemente una oportunidad para representar un papel diferente, para vivir los distintos lados de una experiencia, hace que sintamos que nuestros errores son menos irreparables y nuestras dificultades más tolerables.

Una persona mata a un niño. Según el plan universal, este niño tenía que morir en ese momento. Quizás ella necesitaba otra encarnación para completar un aspecto de su trabajo espiritual. Así pues, la muerte no se cuestiona. Lo que está en entredicho es ¿por qué su muerte tuvo que llegarle de manos de este conductor distraído? Había una deuda que debía saldarse, un desequilibrio que debía enderezarse. El individuo que mató al niño puede que regrese en la vida siguiente con algún tipo de deformidad o alguna carga inusual. Él aprenderá sus lecciones, sentirá dolor, pagará la deuda espiritual y luego se volverá a reencarnar, pero esta vez en un estado más sano.

Nuestra falta de entendimiento del cuadro completo hace que sintamos que nuestras acciones, nuestros fracasos y nuestros errores son fatales e irrevocables. Pero no lo son. Sólo son piezas del rompecabezas. De hecho, como hemos visto, la única forma en que el alma puede hacer una corrección es regresando en un cuerpo que sufra. Por ese motivo muchas almas regresan a estas situaciones dolorosas: es una forma para ellas de elevar una chispa de Luz que han perdido o disminuido. En todo esto puede haber lecciones también para los padres, pero habitualmente cuando nace un niño con una discapacidad es porque a esa alma le han dado la oportunidad de deshacer algún daño que ha causado en una vida previa.

Ciertamente, esta es la única forma verdadera de redimirse. Ir a la cárcel por enviar un mensaje de texto mientras manejas el auto no es el precio justo ni adecuado a pagar por destruir una vida. La única restauración verdadera del equilibrio viene a través de la reencarnación. La muerte de un niño es parte de ese proceso más grande. No tiene nada que ver con el Creador. El Creador es incondicionalmente bueno.

Piensa en los intocables en la India. Las personas "intocables" nacen en un sistema de castas que las clasifica como impuras, como menos que humanas. O piensa en cómo en algunas sociedades, cuando un niño nace de una relación adúltera queda marcado por el resto de su vida como un bastardo. ¿Cómo podría un Dios amoroso permitir que un niño inocente esté tan manchado desde su nacimiento?

De nuevo, la respuesta puede hallarse en varias vidas anteriores. Asumamos por un momento que este bebé recién nacido ha tomado el alma de un hombre que cometió adulterio dos generaciones antes. Ahora esa alma renace, pero todavía debe llevar el peso de lo que sucedió en una vida anterior. No se trata simplemente de un bebé inocente que nace. En la vasija de ese bebé hay un alma que necesita corregirse de una forma específica.

Quizás esta perspectiva nos proporciona el camino para entender algo que no suele tener sentido para nosotros. La Biblia habla sobre castigar la injusticia de una generación en la siguiente. Para nosotros esto suena como castigar a niños inocentes. Pero en realidad se refiere a las vidas que se nos dan para regresar, para redimirnos y para elevar la Luz de nuestra alma.

Equilibrar nuestro proceso de *tikún* a lo largo de las vidas

Cuando todavía era un joven, Avram, el ayudante de un impresor, trabajaba con el gran Kabbalista Rav Yehuda Áshlag. Avram nació con una deformidad en su mano que le entristecía porque creía que ninguna mujer querría casarse con él a causa de este defecto. Pero Rav Áshlag le explicó a Avram que en una vida anterior fue uno de los espías que le habló mal a Moisés sobre la tierra de Israel y que la mano deformada era su forma de pagar por ello. "Deberías estar contento por esta deformidad", le explicaba Rav Áshlag, "porque te está dando la oportunidad de limpiar tu alma".

Una vez que lo entendió, Avram se sintió feliz. Se casó y vivió una vida plena y productiva. Sin embargo, si no lo hubiera comprendido, se habría amargado, habría rechazado a su alma gemela o habría actuado de alguna forma que le habría causado mayores dificultades. Es el cuadro completo —que nuestra alma vive a través de muchas vidas— lo que muchos de nosotros no vemos. Explicar la verdad sobre la reencarnación es algo que puedo hacer para ayudarte a apreciar este cuadro completo, así como toda la felicidad que viene con él.

Nuestra cuenta bancaria espiritual

Otra pregunta que me plantean a menudo recientemente es por qué hay tanta negatividad en el mundo. La respuesta es: porque las personas son negativas. La alfombra bajo la cual hemos estado ocultando suciedad durante años, ahora está siendo levantada y sacudida, y todo ese polvo está volando por los aires. Las personas que han tomado cosas que no les pertenecen están siendo expuestas, incluidos los banqueros que llenaron sus bolsillos creando inversiones peligrosamente arriesgadas y las personas que, sin pensar en el futuro, compraron casas que no podían pagar.

Ahora, "de repente" (o al menos eso nos parece), tenemos que pagar las consecuencias. "Espera", decimos, "no tengo dinero para pagar las consecuencias". Así que la casa vuelve a manos del banco. Pero eso no ocurre porque algo esté mal con la Luz. En absoluto. Ocurre porque nosotros hicimos algo malo: tomamos cosas que no nos pertenecían. Sabíamos que no debíamos hacerlo, pero aun así las tomamos porque fuimos tentados por la codicia y la voracidad.

Todos nosotros tenemos cuentas personales en el Banco de la Luz, las cuales consisten en todas las cosas positivas que hemos hecho. Estamos constantemente debitando de esa cuenta. Extraemos nuestra salud. Extraemos que nuestra mente esté en el lugar adecuado. Extraemos que nuestros amigos y seres queridos estén sanos y a salvo. Estamos constantemente debitando de esa cuenta. Pero si sacamos más dinero del que metemos, vamos encaminados hacia la bancarrota o la imposibilidad de pago, igual que sucede con una cuenta bancaria física. Y eso es lo que ocurre actualmente en el mundo. El mundo está al revés precisamente porque durante años hemos estado sacando más de lo que hemos dado. Pero no fue Dios Quien creó este mundo al revés, y aunque podemos culpar a los poderes fácticos —Wall Street, los bancos, nuestro gobierno— el problema no es con ellos. La culpa la tenemos nosotros.

Si no tuviéramos tanta codicia, no tendríamos tanta polución y podríamos respirar aire fresco. Si no destruyéramos nuestros campos, podría crecer en ellos comida sana. ¿De quién es la culpa? De Dios, ¿verdad? ¡Por supuesto que no! Es culpa mía, es culpa tuya, es culpa de todo el mundo. Nosotros creamos la negatividad en primer lugar. Tenemos que mirar en nuestro interior y decir: "Si no hubiéramos contaminado el agua, podríamos beberla".

Nos guste o no, nosotros nos enfrentamos solos a nuestros desafíos

Ninguna otra persona puede superar nuestros desafíos. Nadie más puede sacarte del agujero en el que puede que te encuentres. ¿Por qué? Porque nuestros desafíos están especialmente diseñados para nuestro propio *tikún*, nuestro propio proceso de corrección. Sería como pedirle a otra persona que juegue tu partido de tenis en tu lugar, como darle a tu amigo la raqueta y decirle: "Aquí tienes, dale tu a la pelota". Así no es como funciona.

Todos estamos jugando un juego, y se llama el juego de la vida. ¿Qué quiero decir con esto? Es un juego muy serio que se trata de regresar la Luz al lugar de donde vino. Pásale la pelota al Creador, por favor.

Capítulo 6

Padres e hijos; hijos y padres

Los niños no tienen velos entre sí mismos y la Luz; todavía siguen conectados a la Luz mientras están creciendo. Sin embargo, a los 12 años de edad las chicas y a los 13 años los chicos, se vuelven ADULT(o)-erados. Pierden su conexión directa con la Luz. Ahora, para bien o para mal, lo tienen que hacer por su cuenta.

Antes de alcanzar esta edad, los niños funcionan todo el tiempo en el nivel Alfa. Alfa es el estado entre la vigilia y el sueño que nosotros los adultos sólo podemos alcanzar con la meditación. Esta es la razón por la cual los niños tienen un instinto más agudo que nosotros. Los animales también funcionan en el nivel Alfa, por eso debes prestar atención siempre que tus hijos o tu mascota se alejen cuando alguien se acerque a ti. Lo más probable es que algo esté mal en la energía de esa persona. Si tu perro se altera tanto que los pelos de su cuello se ponen de punta, ten mucho cuidado con ese individuo. Estas reacciones Alfa indican que algo pasa.

Cuando traemos a un niño a este mundo, significa que hemos sido un iniciador para una entidad de Luz. Pero no es *nuestra* Luz; es la Luz del niño. Sin embargo, muchos padres quieren tener amarrados a sus hijos. Quieren que sus hijos no hagan ni un movimiento sin consultarles, que busquen su aprobación de todo lo que hacen. Pero debemos dejar a nuestros hijos que vivan sus vidas, porque es su chispa, no la nuestra. Nosotros sólo somos iniciadores. Ellos son piezas en nuestro rompecabezas, es cierto, pero ellos también tienen su propio rompecabezas.

Cambio de papeles

A veces mientras crecemos sentimos que tenemos que cuidar de nuestros padres. Este tipo de inversión de papeles puede suceder porque en encarnaciones previas nuestra madre pudo ser nuestra hija, o nuestro padre un hijo. Para ser claros, el papel de una madre es exclusivamente traer un alma al mundo, una chispa de Luz, y posibilitarle crecer en la vida que está destinada a vivir, lo cual incluye corregir el karma que trajo con ella de vidas pasadas. El útero materno es como una cuna. En términos kabbalísticos, diríamos que nutre la vasija que alberga la chispa del alma, animándola a desarrollarse tal como lo desee, en lo negativo y lo positivo. El precepto espiritual de respetar a la madre y al padre es un reconocimiento de esta responsabilidad.

Aunque es muy importante respetar a nuestras madres y nuestros padres, también debemos reconocer la importancia de nuestros maestros espirituales, pues ellos nutren nuestra vasija espiritual y fomentan su crecimiento. Nuestros maestros son los padres de nuestras almas. Podría argumentarse que si alguien ha sido tu mentor y te ha ayudado a convertirte en la persona espiritual que eres hoy en día, tu respeto por esa persona debería ser aun mayor que el respeto que sientes por tus padres. Esto no quiere decir que debas ser irrespetuoso con tus padres. Pero imaginemos que tu padre te dice: "¡Ven, salgamos a tomar unas cervezas juntos!" y tu maestro te dice: "¿Por qué no estudiamos?", puedes ser muy amable con tu padre, pero deberías escuchar a tu maestro.

Capítulo 7

Amor y almas gemelas

A finales del siglo pasado en un pueblo del este de Europa, había un pequeño templo cuyo rabino estaba envejeciendo. Simón, alcalde del pueblo y su habitante más rico envió solicitudes a las *yeshivás* (seminarios religiosos) más famosas de Europa, con la esperanza de obtener los servicios de algún joven que asumiera las tareas del debilitado rabino. Contestaron numerosos candidatos, y muchos de ellos fueron invitados para una entrevista. Uno de esos hombres tenía la presencia más extraordinaria. Culto, amable, sabio, espiritual y con una voz suave, este hombre cautivó a los miembros del templo, quienes le ofrecieron inmediatamente el puesto. Todo el mundo estaba seguro de que incluso los ángeles venían a escuchar la sabiduría que emanaba de sus labios.

Afortunadamente para los habitantes del pueblo, los ancianos del templo fueron capaces de ver más allá del hecho que Jacob, su nuevo y brillante rabino, tenía una deformación. Una columna torcida lo había deformado desde nacimiento, y caminaba con una cojera pronunciada. Aunque parecía como si tuviera que sentir dolor, su actitud era indefectiblemente alegre. Y como nuevo líder espiritual del pueblo, ejecutó sus tareas mejor de lo que nadie podía esperar. El templo estaba lleno para el servicio, y sus estudiantes habían renovado el entusiasmo por sus estudios. Pronto la gente del pueblo empezó a acudir a él con sus problemas, e incluso Simón, el alcalde, prefería la ayuda de Jacob a la de cualquier otra persona cuando se trataba de sus asuntos de negocio y familia. El joven rabino era un invitado frecuente en la casa de Simón, y los dos pasaban horas discutiendo muchos temas.

Después de un año de estudio y servicio a su nueva comunidad, Jacob pensó que había llegado el momento de encontrar una esposa. En aquellos días era costumbre para un rabino buscar una familia rica con la cual emparentarse. Esto proporcionaba al rabino la ayuda económica necesaria para continuar sus estudios y su trabajo espiritual, mientras que la familia rica obtenía prestigio y honor. Todo el mundo en la ciudad admiraba y respetaba al Rabino Jacob, pero debido a su aflicción, pocos querían verlo casado con su hija.

Miriam era la única hija de Simón y Séfora. A la edad de 18 años era esbelta y agraciada, una auténtica visión de belleza. Sus ojos verdes brillaban cuando sonreía. Su cabello largo y negro caía suavemente sobre sus hombros. Tenía una piel clara, dientes como perlas y una risa encantadora que hacía que todos los hombres solteros del pueblo la miraran con adoración, apenas ocultando su deseo. En una palabra, era hermosa.

Sus padres eran conscientes de que Miriam tenía algo especial, algo más que mera belleza. Sentían que dada su riqueza y sus buenas cualidades, estaba destinada a conseguir un buen matrimonio. Insistían en presentársela a los jóvenes que para ellos parecían ser buenos candidatos, pero Miriam rechazaba un pretendiente tras otro. Simón y Séfora estaban confundidos y algo frustrados por la fuerte determinación de su hija, pero sabían que no debían presionarla.

Una noche invitaron al Rabino Jacob a cenar, esperando que él tuviera la solución a su dilema. Miriam recibió al conocido invitado en la puerta con una cálida sonrisa, y le acompañó hasta el comedor antes de reunirse con su madre en la cocina. Cuando los hombres se quedaron solos, Simón le confesó a Jacob que estaba agotando su paciencia con la testarudez de Miriam. Le dijo al joven rabino que si todo lo demás fallaba, acordaría un matrimonio para ella, y que si fuera necesario la obligaría a honrarlo.

Respetuosamente, Jacob advirtió a Simón sobre tal acción: "Simón, no puedes forzar a Miriam a casarse con alguien con quien ella no está destinada a estar".

Simón estaba visiblemente molesto. "Séfora y yo no sabemos qué hacer. Sólo queremos que sea feliz".

Jacob respondió suavemente: "Simón, me gustaría tener tu permiso para pedirle a Miriam que se case conmigo".

Simón no estaba preparado para esa sugerencia y se sintió avergonzado. "Miriam es tan bella, que a pesar de su obstinación ella puede elegir a cualquier joven candidato. Jacob, tú eres un hombre maravilloso, y todo el pueblo querría verte casado. Pero creo que tu aflicción física sería algo difícil de llevar para una mujer joven como Miriam".

"Sé que estoy físicamente deformado", dijo Jacob, "pero así es como me hizo el Creador, así que debe haber una buena razón para ello".

Simón titubeó, "Pero será vergonzoso para ustedes dos cuando ella te rechace. Tú eres un buen amigo para nosotros y no puedo soportar la idea de que tus visitas se vuelvan incómodas. Realmente no pienso que esto sea una buena idea".

Cuando Jacob le aseguró que estaba dispuesto a arriesgarse, Simón se levantó de la mesa y llamó a su esposa y a su hija. Le dijo a Miriam que Jacob necesitaba hablar con ella, luego condujo a su esposa a otra habitación. Simón le contó a Séfora lo que había hablado con el Rabino. Como buena madre, Séfora quería interferir; en su propio beneficio, por supuesto. Pero después de unos momentos de consideración, Simón y Séfora decidieron que su hija podría manejar mejor la situación por su cuenta. No obstante, ambos esperaban que su obstinación no arruinara su relación con el joven Rabino.

En el comedor, Miriam se sentó al otro lado de la mesa, frente al Rabino. Como era habitual, ella se sentía muy cómoda en su presencia. Jacob le preguntó por qué no podía decidirse por un candidato cuando se habían presentado ante ella pretendientes tan maravillosos. Esta pregunta convenció a Miriam de que sus padres le habían pedido al Rabino que les ayudase a casarla. La mejor forma de manejar esto era decirle a Jacob la verdad. Ella le confesó que muchos de sus jóvenes candidatos eran suficientemente agradables y de buena familia; sin embargo, ella sabía que ninguno de ellos era adecuado para ella.

"¿Por qué no?", preguntó Jacob.

"Porque", contestó ella, "siempre faltaba algo".

Cuando Jacob siguió haciéndole preguntas, ella respondió: "No hay una verdadera conexión entre nosotros". Todos aquellos admiradores le habían ofrecido relaciones que le garantizaban que nada le faltaría, que incluso sería admirada, sin embargo ella creía que también se sentiría agobiada. El hombre adecuado, explicó ella, elevaría su espíritu, y ella haría lo mismo por él. Él la animaría a crecer más allá de las responsabilidades de esposa y madre. Por alguna razón, ella se sentía destinada a ser más que la mujer de un hombre rico, más que un adorno en los brazos de alguien. Ella nunca le había confesado esto a nadie antes, pero se sintió segura compartiendo sus anhelos con el Rabino.

Jacob puso en orden silenciosamente sus pensamientos. "Pienso que lo que tu corazón desea, Miriam, es la otra mitad de ti misma, tu alma gemela".

Los ojos de Miriam se abrieron. "¿La otra mitad de mí misma?". Hizo una pausa unos instantes, pensativa. "Sí, eso es exactamente lo que he estado esperando".

"Nuestras almas gemelas no siempre están disponibles para nosotros", continuó Jacob. "O pueden estar justo frente a nosotros, y aún así pueda que no las reconozcamos por lo que son".

Miriam se quedó quieta, esperando las siguientes palabras que Jacob ofrecería. Jacob se inclinó hacia delante y miró directamente a los ojos de Miriam. Él pudo ver más allá de su color y su forma, hasta llegar a lo más profundo de su corazón y su alma. Su conexión en ese instante fue tan íntima que abarcó vidas.

"Miriam", dijo tiernamente, "no puedes encontrar tu alma gemela con tus ojos, sólo con tu corazón. Cuando se produzca la unión en el nivel más profundo, habrá una fuerza, una atracción entre los dos que será increíblemente fuerte. Ya sea un desconocido de tierras lejanas o alguien muy cercano a ti, cuando abras tu corazón, lo conocerás".

Mientras tanto, Simón y su esposa esperaron pacientemente por lo que parecieron horas. Finalmente, Miriam fue a verlos. Ella sonrió a su padre, abrazó a su madre y dijo: "Tenemos que planificar una boda".

Simón y Séfora estaban asombrados, pero podían ver que algo muy especial había ocurrido entre los dos jóvenes. El resplandor y la certeza en el rostro de Miriam les dijo que había tomado una decisión y que no cambiaría de opinión. Simón y su esposa felicitaron a la pareja y dieron la bienvenida a Jacob a su familia. Cuando Miriam y su madre abandonaron la habitación para empezar a hacer los preparativos para la boda, Simón le preguntó a Jacob: "¿Qué le dijiste? ¿Cómo lograste convencerla?".

Jacob explicó que mientras ella y Miriam hablaban, se hizo evidente que eran almas gemelas que habían pasado muchas vidas juntos. En su última vida, Miriam había sido testaruda y orgullosa a más no poder, y su ego había causado mucho dolor a otras personas. Como resultado, ella estaba destinada a volver a esta vida con una deformidad. Conociéndola y amándola como él lo hacía, Jacob se dio cuenta que ella no podría soportar una carga tan difícil, así que él tomó la deformidad que estaba destinada para ella.

Algunos meses más tarde, Simón y Séfora celebraron una boda espléndida y festiva para su hija y el joven Rabino, a la que acudió todo el pueblo. Miriam y Jacob no sólo crearon una familia amorosa y bella, sino que Jacob se convirtió en uno de los rabinos más grandes de su generación, mientras que Miriam sirvió a la comunidad como un pilar de fortaleza y bondad.

Esta historia nos pide que nos detengamos y profundicemos en la verdadera naturaleza del amor. ¿Cómo podemos estar seguros de que estamos con la persona adecuada? ¿Cuál es el papel de las almas gemelas en nuestra vida?

¿Qué son las almas gemelas?

La Biblia describe así el momento en el que Dios creó a Adán:

> *"Y Dios creó al hombre a imagen Suya, a imagen de Dios Él lo creó; varón y hembra Él los creó".* (*Génesis* 1:27)

Cada alma tiene dos mitades: masculina y femenina. Esto significa que todos y cada uno de nosotros tenemos una contraparte masculina o femenina en este mundo: la otra mitad de nuestra alma. Sin embargo, la mayoría de nosotros en el mundo actual nos casamos para facilitar nuestra corrección, nuestro *tikún*, en lugar de conectar con nuestra alma gemela. Nos casamos con la persona que nos ayudará más con el proceso de nuestra alma, la que nos desafiará para que nos transformemos. Esto se debe a que la mayoría de nosotros no hemos alcanzado el nivel espiritual elevado que nos lleva a ser merecedores de reunirnos con la otra mitad de nuestra alma.

> *Feliz es la persona que es meritoria en sus acciones y transita el Camino de la Verdad, pues ellos se unirán un alma con la otra, LA MASCULINA CON LA FEMENINA, como lo estaban antes DE VENIR A ESTE MUNDO. Pues si él es merecedor en sus acciones, es un hombre completo. PERO SI NO ES MERECEDOR, ENTONCES NO SE LE ENTREGARÁ A SU ALMA GEMELA. Por eso está escrito sobre él: "Y su fruto es dulce a mi paladar". Porque este hombre ha sido bendecido con la reunión DE LO MASCULINO Y LO FEMENINO, COMO APROPIADAMENTE DEBE SER. Y el mundo está bendecido por él A TRAVÉS DE SU DULCE FRUTO, ES DECIR, SUS HIJOS JUSTOS, porque todo depende de si las acciones de una persona han sido meritorias o no.*
>
> —El *Zóhar, Lej Lejá* 22:208

Las mujeres son innatamente más espirituales que los hombres. Aun siendo niños, las mujeres son emocionalmente más maduras. Pero como el aspecto femenino del alma no puede completar su proceso hasta que el aspecto masculino sea también corregido, el aspecto femenino debe esperar a que el hombre alcance la madurez espiritual. A veces esto puede llevar muchas vidas, muchas reencarnaciones. Efectivamente, el *Zóhar* dice que a veces la mujer debe esperar mucho tiempo antes de que su alma gemela cree un entorno espiritual que sea adecuado para ella; esta larga espera se refleja en ocasiones en una gran diferencia de edad cuando las dos almas gemelas se reúnen finamente.

Rav Jaim Vital era un gran erudito y kabbalista. Esencialmente era el único estudiante del Arí, puesto que enseñar a Rav Vital era el propósito del Arí cuando vino a este mundo. Rav Vital estaba casado cuando le preguntó a su maestro: "¿Cuándo voy a encontrar a mi alma gemela?". El Arí respondió: "Cuando venzas tu enojo [uno de los mayores problemas de Rav Vital]. Cuando superes los aspectos negativos de tu vida y te vuelvas más elevado, tu alma alcanzará el nivel del alma de Raquel, la esposa de Rav Akivá, y se te permitirá que te cases con ella. A través de esa unión, tendrás un hijo".

Un tiempo después, la esposa de Rav Vital murió. Él se casó de nuevo, esta vez con una mujer joven de quien él sabía que tenía el alma de la esposa de Rav Akivá. Y de esa unión nació Shmuel Vital, el escritor que documentó las enseñanzas del Arí transmitidas a través de Rav Vital, incluida esta misma historia.

A veces el aspecto femenino del alma espera que su contraparte masculina alcance el nivel que permita que los dos individuos se casen, pero a veces el momento no es el adecuado en ninguna de las dos partes. Afortunadamente, no siempre es necesario para una mujer o un hombre casarse con su verdadera alma gemela. A veces casarse con una alma gemela es necesario para poder realizar el trabajo de corrección, y a veces no. No obstante, si las almas son suficientemente afortunadas o han trabajo lo suficientemente duro en sus objetivos espirituales, entonces se les permite casarse con su contraparte. Esta es la unión de almas gemelas, y refleja el hecho de que las dos almas han sido parte la una de la otra por toda la eternidad.

Almas gemelas y conflicto

A menudo nuestras almas gemelas vienen del otro lado del océano, tanto literalmente como figuradamente. Tales dos personas pueden haber estado separadas por una gran distancia y aun así encontrarse de una forma inesperada. O puede que sean muy diferentes, una pareja aparentemente improbable que se encuentra por una rara coincidencia y descubre que entre ellos ocurre un baile cósmico. Si este es el caso, es más probable que se trate de una relación de almas gemelas.

De hecho, el Arí dice que si dos personas quieren estar juntas pero todo el mundo se da la vuelta en oposición a su unión — si afuera hay caos, pero entre ellos reina la paz y el amor— es otra señal de que debe tratarse de un matrimonio de almas gemelas. Como ya hemos comentado, la Luz viene de lo negativo, no de lo positivo. Shakespeare ya lo sabía: ¡sólo mira a Romeo y Julieta!

El papel inesperado de la muerte y el divorcio

De vez en cuando puede darse una unión de almas gemelas, excepto si la mujer está todavía comprometida con otro hombre. En este caso, hay dos formas de permitir que el matrimonio de almas gemelas siga adelante. Una es la muerte y la otra el divorcio. De hecho, la ley judía permite el divorcio por esta misma razón: para permitir al primer marido o mujer que se aparte para que pueda tener lugar el matrimonio entre almas gemelas. Este es el motivo por el cual la ley requiere de un certificado firmado de divorcio (un *guet*). Esto no significa que todos los hombres deban divorciarse de sus esposas. Más bien significa que cada mujer y cada hombre necesitan cumplir este precepto en algún momento; no en cada vida, sino en algún punto de sus muchas vidas. Es parte de los *Taryag Mitzvot*, los 613 principios espirituales contenidos en la Biblia.

¿Por qué debemos seguir los *Taryag Mitzvot* y escribir un *guet*? Para salvar una vida. Si el marido no escribe un *guet* y se interpone en el camino de un matrimonio de almas gemelas, morirá. Ciertamente, bajo estas circunstancias, escribir un *guet* es una *mitzvá*: una buena acción y una obligación espiritual.

Tal como dice el *Zóhar*:

> *Rav Yehuda le preguntó a Rav Elazar: "Soy consciente del secreto de este tema. POR LO TANTO PREGUNTO ¿dónde encuentran a sus esposas aquellas almas que se reencarnan PERO NO TIENEN ALMAS GEMELAS? Él respondió: "Está escrito: '¿Qué debemos hacer por las esposas, por ellos que permanecen? (Shoftim 21:7), y "debes tomar a cada hombre su esposa…". (Ibíd. 21) Aunque este pasaje trata específicamente de los hijos de Benjamín, EN REALIDAD TRATA SOBRE LAS ALMAS REENCARNADAS, QUIENES PUEDEN*

PRECEDER A SUS AMIGOS Y ARREBATARLES SUS ALMAS GEMELAS A TRAVÉS DE LA MISERICORDIA. Por lo tanto, como hemos aprendido "A menos que otro le preceda con Misericordia".

Rav Yehuda dijo que definitivamente este es el significado de "es difícil para el Santísimo, bendito sea Él, unir a las parejas", PORQUE ÉL ESTÁ OBLIGADO A TOMAR DE UNO Y DARLE AL OTRO.

—El *Zóhar, Lej Lejá* 33: 354-355

Observamos esta misma situación en funcionamiento en el famoso relato bíblico del rey David y Batsheva.

El rey David está en un balcón de su palacio cuando ve a una hermosa y joven mujer bañándose en el tejado de una casa vecina. Él la desea, así que la llama, duerme con ella y ella queda embarazada. El rey David ordena a Urías, el esposo de ella, un soldado de su ejército, que regrese a casa del campo de batalla. El rey emborracha a Urías y lo envía a casa para que se acueste con su mujer en un intento de hacerle creer que él ha engendrado el hijo. Cuando Urías rechaza a Batsheva, el rey David lo manda al frente del combate donde es asesinado, dejando así libre a Batsheva para que pueda casarse con el rey.

Y ya está. Esta es la historia. Si leyera esto por primera vez, diría: "¿Qué especie de miserable es este rey David?". Pero una vez más, todo cambia cuando lo vemos a través del prisma de la reencarnación, tal como lo hace el *Zóhar*.

El rey David, después de lo que le ocurrió con Batsheva, tenía mucho miedo. Porque en aquel tiempo, Dumá (el Ángel de la Muerte) ascendió al Santísimo, bendito sea Él, se paró ante Él y dijo: Señor del Universo, en la Biblia dice que "el hombre que comete adulterio con la esposa de otro hombre [que]...el adúltero y la adúltera ciertamente morirán". (Vayikrá 20:10) Es más, está escrito: "Además, no te acostarás carnalmente con la esposa de tu vecino para deshonrarte con ella". (Ibíd.18:10) ¿Así pues qué va a ser de David, quien ha profanado la Santa Alianza cometiendo adulterio? El Santísimo, Bendito sea Él, le dijo: "¡David es justo! Y la Santa Alianza permanece intacta, porque es de Mi conocimiento que Batsheva le fue asignada a él desde el día en que el mundo fue creado.

DUMÁ (el Ángel de la Muerte) le dijo a Él (el Señor), 'Si esto es de tu conocimiento, no es del conocimiento de él (David)'. Él, EL SANTÍSIMO, BENDITO SEA ÉL, LE DIJO: 'No sólo eso, sino que todo lo que sucedió era permitido y fue realizado legalmente. ¡Porque cada persona que fue a la guerra no se fue hasta que él hubo dado un certificado de divorcio a su esposa!'. Él le dijo, 'Si esto es así, entonces debería haber esperado tres meses, ¡y no lo hizo!'. Él respondió: '¿Cuándo se aplica esto? ¡Sólo en los casos en los que sospechamos que ella pueda estar embarazada! Y es de mi conocimiento certero que Urías nunca la tocó'.

—El *Zóhar, Prólogo* 14:132-133

El rey David está en el plano espiritual llamado *Jojmá*, uno de los niveles más elevados de la espiritualidad y un nivel que le garantiza una visión aun mayor que la de un profeta. Cuando está en al balcón de su palacio, tiene una visión del Templo que construirá. Ve como la Luz de Dios entra en aquel Templo. Entonces mira hacia abajo, ve a una mujer bañándose en la casa de al lado —Batsheva— y se da cuenta de que este Templo sólo se construirá a través de la voluntad de ella. Ella es su alma gemela, y él necesita que ella complete su corrección. Así pues, trae a Batsheva a su lado.

Hagamos una pausa aquí por un momento para hablar sobre nombres porque son relevantes para nuestra comprensión de esta historia desde una perspectiva kabbalística. El nombre de Batsheva está compuesto por bat, que significa "hija", y *sheva*, que significa "de siete". El mundo de *Maljut* —la dimensión física en la que vivimos— es el séptimo nivel. El nombre de Batsheva significa "la hija del mundo de *Maljut*". Ella es el alma gemela de David porque es la hija de la Tierra, un símbolo del planeta, del lugar de *Maljut*; y David, como sabemos, es la carroza de *Maljut*.

El nombre de Urías también es importante. Significa "casa". Él era una vasija para Batsheva, y le proporcionó un lugar en el que ella estaba protegida y alimentada hasta que David alcanzara el nivel de espiritualidad que les permitiría a él y a Batsheva estar juntos. Urías tomó a Batsheva como si fuera suya, pero nunca se acostó con ella.

También se dice que en aquellos días, cuando un hombre iba a batalla, redactaba un certificado de divorcio contingente, al no saber si regresaría a su hogar algún día o en el caso de que muriera en batalla pero su cuerpo no fuera hallado. Un certificado de divorcio contingente significaba que mientras el esposo estuviera lejos en la guerra, su esposa no era su esposa. Esto era obviamente muy importante en el caso de David y Batsheva, pues significaba que no habían cometido adulterio. Espiritualmente, puesto que la mujer es una vasija, cuando comete adulterio cae sobre ella una gran negatividad. Si llenas una taza de café, zumo de naranja, leche y té, no resultaría una bebida muy agradable, ¿no es cierto? Una vasija está destinada a llevar una sola semilla, el ADN de un hombre. Si una mujer lleva la semilla de otros hombres que no son su marido, crea negatividad tanto para ella como para toda la familia. Esto se debe a que esa mujer es la vasija para esa familia, no sólo para sí misma.

Finalmente, según la lectura kabbalística de esta historia, Urías fue al campo de batalla y murió porque la unión entre David y Batsheva era necesaria para que se construyera el Templo.

Pensemos en cómo puede aplicarse esto en nuestra propia vida. Todos conocemos a personas que después de haber perdido a su primer esposo o esposa por causa de muerte o divorcio, han encontrado y se han casado con alguien maravilloso. En algunos casos, el segundo matrimonio es mucho mejor que el primero. Quizás una de las razones para la disolución del primer matrimonio fue que el segundo matrimonio —una unión de almas gemelas— tenía que ocurrir. Recientemente vi este principio en funcionamiento en una película para televisión. *Amando a Lea: Un matrimonio por levirato* es la historia de un cardiólogo a quien persuaden para que honre una antigua costumbre judía casándose con la viuda sin hijos de su hermano fallecido. Lo que al principio parece una tremenda intrusión en estas dos vidas se convierte en una historia de amor de almas gemelas.

En cuanto a David y Batsheva, su primer hijo murió en el parto. Y aunque se dice que David nunca pecó, a partir de aquel día lavó su cara con cenizas a diario, pensando que debió haber hecho algo malo para atraer esa desgracia sobre sí mismo y su esposa. El segundo hijo de Batsheva fue Salomón, el sabio rey que construyó el Templo que su padre había imaginado. Así pues, la visión de David se hizo realidad, y Batsheva fue una pieza del rompecabezas que ocasionó la construcción del Templo.

Distintos tipos de almas gemelas

Cuando pensamos en almas gemelas, pensamos en hombres y mujeres que son dos mitades de la misma alma: David y Batsheva, Tristán e Isolda, Romeo y Julieta. Pero en la Biblia también encontramos la historia de Jonatán y David.

El hijo mayor del rey Saúl, Jonatán, era el próximo en sucesión al trono de su padre según la ley de la tierra. Pero Jonatán sabía que David realmente tenía que ser rey. De hecho, el amaba tanto a David que cuando Saúl quiso matar a David, fue Jonatán quien salvó la vida de David alertándole de los planes de su padre. Jonatán era un arquero, y le dijo a David que le daría una señal de las intenciones de su padre disparando flechas. Si disparaba las flechas a corta distancia, significaría que Saúl había anulado su enojo. Pero si disparaba las flechas a una distancia mayor, significaría que el enojo del rey no se había aplacado. Cuando Jonatán descubrió que el rey había tomado la determinación de matar a David, disparó las flechas de aviso tal como habían planeado.

> *Cuando el muchacho se fue, David se levantó del lado sur de la roca, y cayendo rostro en tierra, se postró tres veces ante Jonatán. Y se besaron el uno al otro y lloraron juntos, pero David lloró más. Y Jonatán dijo a David: "Vete en paz, ya que nos hemos jurado amistad el uno al otro en el nombre del Señor, diciendo: 'El Señor es testigo entre tú y yo, y entre tu descendencia y mi descendencia para siempre'". David se levantó y se fue, y Jonatán regresó a la ciudad.*
>
> —*1 Samuel* 20:41-42

A pesar de que Jonatán y David eran ambos varones, eran almas gemelas. En este caso no había deseo sexual entre ellos. Se amaban con el tipo más elevado de amistad, pero eran almas gemelas en el sentido que ambos eran parte de un alma que estaba dividida. Ciertamente, un alma puede estar dividida en muchos aspectos, no sólo masculino y femenino. El deseo sexual no tiene por qué estar involucrado. Los amigos también pueden ser almas gemelas. También pueden serlo un padre o madre y su hijo. Una relación de almas gemelas existe cuando nos sentimos en total armonía con otra persona. Puede incluso ocurrir entre socios de negocios. Identificar a nuestra alma gemela es otra pieza que puede encajar en nuestro rompecabezas.

Almas masculinas y femeninas invertidas

El *Zóhar* dice que cuando una mujer es agresiva y su compañero es sumiso —especialmente durante el acto sexual— en ocasiones un alma femenina puede elegir entrar en un cuerpo masculino que proviene de esta unión. Por este motivo nacen los hombres gay. No son almas masculinas, sino femeninas. Un hombre gay sabe que no es mujer, pero no se siente hombre. Disfruta de las cosas que disfrutan las mujeres. Y lo opuesto es también cierto cuando se trata de mujeres lesbianas. Hoy en día, más que nunca, la homosexualidad ha salido a la luz, y muchos de nosotros la aceptamos. Pero hace tan solo algunas décadas, mucha gente no sabía qué pensar sobre ello.

La reencarnación puede proporcionar las piezas del rompecabezas que faltan y que nos ayudan a entender a las personas que nos rodean. Esto nos ayuda a explicar cosas que puede que nos haya costado mucho aceptar en el pasado. Por eso la Kabbalah explica que "el conocimiento es la conexión". La Biblia afirma que Adán conoció a Eva, quien concibió a Caín. El *Zóhar* plantea la siguiente pregunta: "¿Por qué suena la Biblia tan tímida aquí? ¿Es la Biblia demasiado educada para mencionar el sexo?". Claramente no. Hay muchas ocasiones en las cuales se discute sobre sexo en la Biblia. El *Zóhar* nos dice que esta afirmación sobre Adán y Eva que utiliza el término "conocer" es un código, el cual nos informa indirectamente que sólo a través del conocimiento podemos hacer una conexión verdadera. Este libro que estás leyendo es un buen ejemplo. Conocer el funcionamiento de la reencarnación nos ayuda a conectar con los demás con más compasión, tolerancia y comprensión. Y nos proporciona piezas de nuestro propio rompecabezas, trayendo significado y sentido del propósito a nuestras vidas.

Capítulo 8

Ayudar a otros en el viaje de su alma

A uno de mis hijos le gusta contar la siguiente historia, que ilustra cómo podemos ayudar a los demás en el viaje de su alma.

En una ocasión, un estudiante acudió a Rav Levi Itzjak de Berdichov y le planteó la siguiente pregunta: "Durante la Pascua, cuando bebemos el vino, la Hagadá dice que la quinta copa es para el profeta Elías y que aquellos de nosotros que seamos merecedores podremos verlo. Por favor, maestro, haré todo lo que pueda. ¿Puedes decirme cómo puedo ver al profeta Elías este año?".

Rav Levi Itzjak replicó: "Ve a visitar este pequeño pueblo. Pasa la Pascua en esta casa en particular y allí verás a Elías el profeta".

El estudiante estaba entusiasmado. Siguió las indicaciones de su maestro y llegó a una casucha en ruinas. "Dios mío", se dijo, "¿tengo que pasar la Pascua aquí?". Aun así, confiaba en las palabras de su maestro y no quería regresar, así que llamó a la puerta.

La familia que vivía en esta humilde casa invitó al visitante a pasar la Pascua. El estudiante quedó impactado por lo fría que estaba aquella casa. No había hoguera, ni comida en el fuego. Así que le dijo al padre: "¿Sabes qué? Tengo unos rublos. Por favor, toma algunos para comprar un poco de leña y así podrás calentar tu casa. Y aquí tienes algo de dinero para comprar la cena del *Séder*". Al ver que los niños iban vestidos con harapos, añadió: "¿Sabes qué? Cuando salgas a comprar la comida, ¿por qué no consigues también ropa de abrigo para tus hijos? Deben verse bien para celebrar la Pascua".

El estudiante pasó la Pascua con esta familia. Hacia el final del *Séder*, sacaron la copa para Elías el profeta, pero éste no apareció. Decepcionado, el joven se quedó dormido sobre la mesa toda la noche por si acaso. Pero nada ocurrió.

A la mañana siguiente se despertó sintiéndose deprimido. Al final de sus vacaciones, mientras hacia el equipaje, vio un agujero en el tejado, así que le dio dinero al padre para que lo arreglara. Luego se despidió y regresó a Berdichov. "Maestro", le dijo cuando llegó, "me prometiste que vería a Elías el profeta, ¡pero nunca vino!".

"Oh, lo siento", replicó Rav Levi Itzjak. "¿Por qué no regresas a la misma casa para pasar allí el último día de Pascua, para la Partición del Mar Rojo? Te prometo que verás a Elías el profeta". Esta vez el estudiante no tenía tanta certeza en su maestro, pero de todas formas partió de regreso al pequeño pueblo. Mientras se encontraba frente a la puerta de la casucha, a punto de tocar, oyó una conversación entre el padre y su hijo mayor.

"Padre", dijo el niño, "esta noche es el séptimo día de Pascua y ni siquiera tenemos comida para poner en la mesa. No tenemos nada para servir a la familia. Me siento realmente mal por mi madre y por todos mis hermanos".

Y su padre respondió: "Antes de Pascua estábamos en la misma situación. No teníamos nada. Pero luego vino Elías el profeta y nos dio dinero para comprar comida, para calentar nuestro hogar, para arreglar el tejado y para comprar ropa de abrigo para los pequeños. Quizás regrese y nos ayude de nuevo".

De repente, el estudiante lo entendió. "No es que Elías el profeta esté ahí fuera en alguna parte. Elías el profeta está aquí… en mí".

Efectivamente, Elías se encuentra dentro de cada uno de nosotros, esperando a manifestarse en la vida de alguien con un poco de ayuda de nuestra parte. No debemos rechazarlo a causa de nuestro propio egoísmo.

Las almas Justas que están entre nosotros

Algunas personas justas reencarnan por el bien del mundo. En cada generación puede haber un Moisés. Cada generación puede traer la Redención Final, aunque no la hayamos alcanzado todavía. Aun así, dicen que en cada vida hay 36 almas justas (*Lamed-Vavniks*) que sostienen el mundo. Estas son almas buenas y generosas, seres espiritualmente elevados que pueden abandonar sus cuerpos y viajar a lugares donde hay sufrimiento para llevar energía de sanación. Aparentemente, son como tú y como yo —carpinteros, comerciantes, maestros y cosas así—, así que ninguno de nosotros sabe quiénes son estos individuos.

No obstante, ocasionalmente tenemos la suerte de encontrar a esa alma especial, particularmente si hay una corrección que todavía no hemos logrado. Alguien llega —podría ser la prima Sally de Cincinnati, o alguien que se sienta a nuestro lado en el tren— con un mensaje que puede alterar tu vida: "¡Eh, tú! Enderézate y vuela recto". Si estamos suficientemente abiertos y dispuestos a escuchar, puede que seamos los receptores de la ayuda de un alma justa.

Una joven mujer que conozco dio a luz a un niño muerto; era su primer bebé, y había muerto en el útero a los ocho meses. Aunque estaba desconsolada, Samantha volvió a quedar embarazada casi tan pronto como sus médicos le dijeron que no había peligro. Cuando nació su segundo hijo, se sintió atrapada en un terrible dilema emocional, debatiéndose entre continuar haciendo el duelo por su bebé perdido y su necesidad de amar a este nuevo bebé sano.

Un día, mientras Samantha estaba paseando con su bebé en una calle muy transitada de la ciudad, una mujer mayor emergió de la multitud de transeúntes. Mirando al interior del cochecito de bebé, esta mujer totalmente desconocida dijo con un fuerte acento europeo: "Este bebé es un regalo de Dios". Sin decir más, la mujer desapareció, volviéndose a mezclar con la multitud y dejando a Samantha completamente perpleja. No había forma de que aquella mujer pudiera saber lo que esta joven madre había sufrido, pero aun así sus palabras ayudaron a aliviar el dolor de Samantha y le permitieron enfocarse más plenamente en amar el bebé que sí había sobrevivido.

Una buena amiga estaba pasando por un momento anímico muy particular. Poco después de que su madre y su perro fallecieran, se dio cuenta de que su relación romántica también estaba muriendo. Una mañana, cuando iba de camino a su cafetería habitual para tomarse un café helado, se sintió repentinamente abrumada por la pérdida de su madre y su perro. Luchando por contener las lágrimas, se preguntó algo, no desde la postura de sentirse una víctima, sino desde una necesidad genuina de entender: "¿Por qué me ha pasado esto? ¿Dónde están ellos ahora?".

Mientras en su interior se arremolinaban pensamientos y emociones, llegó a la cafetería. Cuando aun estaba esperando en la fila, vio a una mujer mayor negra muy mal vestida. De alguna forma, mi amiga sintió que esta mujer iba a decir algo muy significativo, que podía ser una mensajera para ella. De repente, la mujer mayor se giró hacia ella, la miró a los ojos, y parafraseó a Shakespeare.

"Todo el mundo es un escenario y todos los hombres y mujeres meros actores; existen entradas" (hizo una reverencia) "y salidas". Haciendo un gesto grandilocuente con sus manos como si estuviera volando, la mujer agarró su bolso del mostrador y salió de allí, dejando a mi amiga asombrada, aunque extrañamente consolada; un sentimiento que sólo aumentó con el tiempo.

También puede ocurrir que nosotros seamos los elegidos para ayudar a alguien, actuando como un canal en su nombre. Debido a mi papel en el Centro de Kabbalah, a menudo tengo la bendición de disfrutar de esta oportunidad. Hace muchos años, estaba hablando por teléfono con unos de nuestros estudiantes de otra ciudad. Él me estaba contando cómo recientemente las cosas en su vida habían ido de mal en peor. En aquel momento, me di cuenta de que había algo que podía hacer. Me giré hacia uno de nuestros maestros y dije: "Haz tu equipaje y súbete a un avión. Quiero que pases unos días con John".

"De acuerdo, voy para allá", contestó el maestro. Voló al lado de John y pasó unos días con él, los cuales cambiaron realmente la vida de John. Yo sólo fui un catalizador en este caso, pero si no hubiera escuchado su dolor, no sé lo que le hubiera ocurrido a John. Afortunadamente, tuve la buena fortuna de estar allí en el momento adecuado. Está escrito que puedes salvar tu mundo —o perderlo— en un minuto. Este fue uno de aquello ejemplos en los que fui capaz de ayudar a salvar a otra persona, lo cual me hizo sentir realmente bien.

Recientemente, escuché una bonita historia sobre un taxista que fue enviado a recoger a una mujer mayor. Llegó a la casa y esperó y esperó, pero ella no salía. Finalmente, después de esperar diez minutos, decidió ir a la puerta. Cuando tocó, una frágil anciana salió y le pidió ayuda para llevar una maleta. Luego le dijo al taxista que quería visitar su antiguo vecindario. Así que le llevó aquí y allí, y juntos visitaron todos los lugares donde habían tenido lugar acontecimientos importantes en su vida: dónde nació, dónde creció, dónde le dieron el primer beso. Después de varias horas, la mujer le dio al taxista un papel con una dirección: su destino final. Cuando dio la vuelta a la esquina, el taxista se dio cuenta de que era un hospicio. Apagó el taxímetro, ayudó a la anciana a entrar en el edificio y se negó a aceptar el pago del alto precio de aquel pasaje.

Imagina que no hubiera tocado a su puerta y simplemente se hubiera marchado. Se hubiera perdido lo que él denominó como "el mejor día de mi vida". La verdad es que no sabemos qué oportunidades vendrán a nuestro camino, e incluso cómo serán. En algunas ocasiones nuestro papel será el de recibir un mensaje, y en otras seremos nosotros quienes serviremos como mensajeros para otra persona. Por eso necesitamos permanecer abiertos.

¿Qué hay en un nombre?

La palabra *neshamá*, que significa "alma", tiene como raíz la palabra *shem* (nombre). Esta pista nos ayuda a entender que el trabajo de nuestra alma está inextricablemente unido a nuestro nombre. Por lo tanto, cuando ponemos un nombre a un recién nacido, debemos utilizar esta oportunidad para conectar al niño con una persona justa que haya vivido una larga vida y se haya convertido en un ser espiritualmente iluminado. El nombre dará respaldo al niño con la energía positiva que esta alma justa reveló y le ayudará a lo largo de su viaje.

Lo contrario también es cierto. Si ponemos a un niño el nombre de alguien que ha sufrido, le transferimos un aspecto de sufrimiento al trabajo del alma de ese niño. Sin embargo, la gente hace esto todo el tiempo. Dicen, por ejemplo: "Quiero ponerle a mi hija el nombre de mi madre porque ella murió de cáncer cuando yo era muy joven". Sí, entiendo que quieran preservar la memoria de su madre, pero al mismo tiempo se arriesgan a pasar parte del karma de su madre al niño. Por eso no querría ponerle a un niño el nombre de mi tía Milly, quien murió por las graves heridas ocasionadas por un accidente de tránsito a la edad de 38 años. Al hacerlo, puedo estar abriendo involuntariamente un espacio para que la desgracia caiga sobre ese niño en forma de un accidente.

Cuando mi amigo Chuck me dijo que había sido herido en la primera Guerra del Golfo, le pregunté sobre sus heridas y me di cuenta de lo bien que él había sanado. Luego pregunté: "Ah, por cierto, ¿por qué te pusieron tu nombre?". Él respondió: "Mi padre me puso el nombre de su amigo Charlie, que murió en la guerra de Vietnam. De hecho, cuando fui herido, tenía la misma edad que cuando mataron a Charlie".

¿Una coincidencia interesante? ¿O algo más?

Cambiar nuestro nombre = Cambiar nuestro karma

Cuando te han puesto el nombre de alguien cuya vida estuvo llena de energía negativa, esto puede corregirse redirigiendo esa energía. Por ejemplo, si te pusieron en nombre de Miriam por tu abuela, quien tuvo una enfermedad genética grave, puedes conservar su nombre pero trasladarle la energía de la profetisa

Miriam, hermana de Moisés. Al enfocarte conscientemente en esa energía de la profetisa, esa conciencia, en lugar de la energía de tu abuela, puedes redirigir las cosas de una forma positiva. Si tu nombre no se corresponde con el nombre de un alma iluminada, otra opción que tienes es adoptar un nombre de alma: un nombre que respalde el trabajo de tu alma. Puedes hacerlo a través de tu rabino o sacerdote, tu maestro espiritual o cualquier persona en cuya conciencia puedas confiar y que esté involucrada en tu crecimiento espiritual.

Milagros médicos modernos

En el tiempo en el que se escribió el *Zóhar* había poco conocimiento médico sofisticado. Hoy en día, con las transfusiones de sangre, los trasplantes de órganos y demás, han surgido muchas preguntas sobre el impacto del karma de una persona al recibir partes del cuerpo de otras —muertas o vivas— y de hacer donaciones de órganos. Algunas de estas preguntas no pueden ser fácilmente respondidas, pues estos procedimientos eran desconocidos en la época en que vivió el Arí, y por lo tanto no hay escritos sobre ello. Pero me gustaría tratar el asunto aquí porque la donación de un órgano o de sangre —aun siendo un gran acto de generosidad— puede alterar también el karma del receptor. Esto es particularmente cierto cuando lo vemos bajo el prisma de la reencarnación. Por ejemplo, está escrito que cuando venga el Mesías primero seremos resucitados con nuestras debilidades y luego seremos curados. ¿Pero qué ocurre si no tenemos un hígado o un corazón porque fue donado para salvar la vida de otra persona?

¿Y qué sucede con una autopsia? Este procedimiento ciertamente daña, y a veces destruye el cuerpo. Piénsalo de esta forma: los patólogos abren el cuerpo como si estuvieran destripando un ciervo, y luego extraen todos los órganos internos. Los miden y los someten a pruebas, y luego los vuelven a colocar en el cuerpo, aunque no necesariamente en el lugar al cual pertenecen. Esta es la razón por la cual los kabbalistas se oponen a las autopsias.

En algunas ocasiones siento que puede ser aceptable donar o recibir un órgano, mientras que en otras no estoy tan segura, aunque signifique salvar una vida. Examinemos estos asuntos un poco más detenidamente.

Trasplante de riñones e hígado

Si tuviera una hija que necesitara un riñón y el mío fuera compatible, ¿Le daría uno? Por supuesto, lo haría porque tengo dos riñones. ¿Estaría afectando a su karma? Sí, lo estaría haciendo, pero en esta situación lo haría porque estaría salvando su vida sin sacrificar la integridad de mi propio cuerpo. Lo mismo ocurre con el hígado. Si los médicos toman un trozo de hígado humano y lo donan a un receptor compatible, el hígado del donante se regenerará. En ambos ejemplos, podemos darle a alguien un órgano o parte de uno y seguir vivos. Nuestros cuerpos serán viables al morir. Lo mismo es cierto para las transfusiones de sangre; después de haber donado sangre, nuestros cuerpos la reemplazan.

Trasplantes de corazón

Para mí, la donación de órganos entra en un área gris cuando tomamos órganos vitales de alguien que ya ha finalizado su viaje y permitimos que esos órganos continúen funcionando en la esfera cósmica de otra persona. Todo lo que somos kármicamente, todo lo que hemos pensado y hemos sido a lo largo de nuestra vida, deja su impronta en los órganos de nuestro cuerpo, lo cual convierte los trasplantes de corazón en un tema complicado. Médicamente, el corazón es sólo una bomba, un músculo, aunque extraordinario. Sin embargo, algunas personas sienten que las semillas de la emoción también residen en el corazón, lo cual significa que si yo dono literalmente mi corazón a otra persona, también le estaré dando una gran parte de mi karma. Así pues, aunque al donarle mi corazón a alguien estaría ayudándole médicamente, puede que también estuviera infringiendo el propósito que tenía al venir aquí.

Así pues, nos preguntamos: "¿Qué se supone que debemos hacer? ¿Dejar que la persona se muera?". La respuesta es no, pero el dilema sigue presente. Imponer nuestro karma a otra persona rompe las leyes cósmicas. Además, una cosa es designar mientras estás vivo que cuando mueras tus órganos podrán donarse a otras personas. Y otra cosa totalmente distinta es que los familiares donen los órganos del ser querido que ha fallecido, porque en este caso la familia está tomando una decisión que el fallecido puede no haber deseado o con la que puede no haber estado de acuerdo.

Capítulo 9

Entender la muerte y la resurrección

A veces vienen amigos nuestros a comer a casa o simplemente a sentarse y disfrutar de la tarde o de la velada, quizá para charlar de cosas sin importancia, pero cosas placenteras. Son buenas personas, y nos divertimos juntos. Cuando se van, de repente nuestra casa parece estar vacía. ¿Qué es ese vacío? Los muebles, las alfombras, las piezas de arte y los electrodomésticos siguen todos en su sitio, pero cuando nuestros amigos han abandonado la casa, siento como si faltara algo importante.

Esto es lo que ocurre —aunque mucho más intensamente— cuando alguien abandona este mundo. De repente su energía desaparece. Echamos de menos a la persona y sentimos la pérdida todavía más porque su muerte parece tan definitiva. Pensamos que nunca más vamos a ver a nuestro ser querido. Pero cuando entendemos realmente lo que sucede en el proceso de la muerte y la reencarnación, entonces no estamos tan tristes por el fallecimiento de un amigo o un miembro de la familia. Y tampoco sentimos tanto miedo de morirnos nosotros mismos.

En un capítulo anterior de este libro descubrimos que al atravesar desafíos difíciles nos convertimos en quienes necesitamos ser. Aunque la muerte es obviamente un enorme desafío, cuando una persona muere, las oportunidades que tiene de trasladarse a un nivel más elevado son ilimitadas. Efectivamente, la razón por la cual la mayoría de nosotros tenemos miedo a la muerte es porque todavía no hemos finalizado nuestro trabajo en esta vida.

La pena

La pena es un largo proceso que la mayoría de personas atraviesan porque creen que la muerte es definitiva. En realidad, las personas no suelen sentir pena por el fallecido sino más bien por ellos mismos y por las personas —vivas— que deja atrás. Sienten pena por el vacío que la muerte deja en sus vidas: "Siento pena porque perdí a mi mejor amiga. No puedo hablar más con ella. No puedo contarle cómo me fue el día. Me siento muy sola sin ella. La echo de menos muchísimo".

La pena es personal, y por lo tanto es relativa. No sentimos la misma pena por una madre joven que muere en el esplendor de su vida que por un ser amado ya anciano que ha estado sufriendo de dolor durante muchos años o que se ha quedado paralizado por un infarto cerebral o la enfermedad de Alzheimer. Cuando esta persona fallece, hay tristeza, pero a menudo consideramos que para ella es mejor que la lucha y el sufrimiento hayan acabado. Seguiremos sintiendo una sensación de pérdida, pero también experimentaremos una sensación de alivio.

¿Hay una forma adecuada de sentir la pena? Fíjate en lo que los amigos de Rav Shimón, el autor del *Zóhar*, hicieron por él el día en que murió.

> *Rav Shimón se levantó y se sentó, se rió y se regocijó. Él dijo: "¿Dónde están los amigos?". Rav Elazar se levantó y les dejó entrar, y se sentaron ante él. Rav Shimón alzó sus manos, recitó una oración y estaba contento. Ellos dijeron: "Deja que los amigos que estaban presentes en la*

asamblea, ES DECIR, LA IDRA RABA, vengan aquí". Se fueron todos, y Rav Elazar, su hijo, Rav Aba, Rav Yehuda, Rav Yosi y Rav Jiyá se quedaron. Mientras tanto, entró Rav Yitzjak. Rav Shimón le dijo: "Cuán merecida es tu porción. Cuánta alegría debe otorgársete en este día". Rav Aba se sentó detrás de él y Rav Elazar delante de él.

Rav Shimón dijo: "Ahora es el momento de la buena voluntad, y quiero entrar sin vergüenza en el Mundo por Venir. He aquí asuntos sagrados que no he revelado hasta ahora. Deseo revelarlos ante la Shejiná para que no se diga que me he ido de este mundo en falta; hasta ahora han estado ocultos en mi corazón, así que puedo entrar por medio de ellos en el Mundo por Venir".

—El *Zóhar, Haazinu* 6:25-26

Sí, los amigos de Rav Shimón organizaron una gran fiesta, una alegre celebración de la continuidad de la vida.

Velatorios, cremación y entierros

Cuando alguien muere, los irlandeses organizan un velatorio. Visten elegantemente al fallecido y lo colocan en el medio de la sala. Los amigos y la familia vienen para decir adiós, dejando recuerdos en el ataúd y diciendo oraciones. Hay jolgorio y festejo, celebración, e incluso bailes. La idea es despertar a esa alma de su ensueño para impedir que pierda la conciencia. De esta forma, el alma seguirá viviendo en la nueva dimensión en la que está entrando. Un velatorio suele durar tres días. Cristo murió y se alzó al tercer día, razón por la cual los católicos esperan tres días antes a realizar el entierro.

Por otro lado, los kabbalistas entierran a sus muertos inmediatamente. La razón de ello puede hallarse en el concepto espiritual del espacio vacío. Kabbalísticamente, el espacio vacío no es algo positivo, pues deja lugar para que entre la negatividad. Por lo tanto, un cuerpo desprovisto de un alma es una invitación a que entren entidades o ángeles negativos y lo invadan. Este es el motivo por el cual no sólo enterramos a los fallecidos lo antes posible, sino que también desde el momento en el que el alma de una persona se marcha hasta que el cuerpo se entierra, nunca se deja solo.

Algunas personas incineran los cuerpos. Sin embargo, para los kabbalistas esto significa que el trabajo del alma en esta vida no puede contar como finalizado. Sin duda, el alma deberá regresar para enfrentarse de nuevo a las mismas correcciones. Otra razón por la cual los kabbalistas no incineran los cuerpos es porque vemos la cremación como una negación del hecho de que este cuerpo fue una vasija que contuvo Luz en él, y como tal debe ser respetado. Además, si un cuerpo se incinera o necesita pasar por una autopsia, esto significa que no es la encarnación final para ese cuerpo. Tendrá lugar otra encarnación. Es más, sabemos que cuando nuestra alma se marcha en el momento de la muerte, deja atrás una chispa de sí misma en el cuerpo que yace en la tumba. Cuando vistamos la tumba de una persona justa no nos estamos conectando con su alma completa, sino con la chispa que todavía reside en los restos de ese cuerpo físico.

El hueso Luz y la resurrección

Todos tenemos un pequeño hueso en el extremo superior de la columna vertebral, que en hebreo se llama el hueso *Luz.* Este es el instrumento espiritual dentro de nuestro cuerpo que nos conecta con la Luz y nos permite volver a empezar de nuevo; por decirlo de alguna forma, nuestra luz piloto. Si, Dios no lo quiera, ocurriera una catástrofe, el mundo fuera destruido y la humanidad necesitara volver a empezar, o si tuviera lugar la Resurrección de los Muertos, esto ocurriría a través de la energía del hueso *Luz.*

¿Entonces qué ocurre con la persona que es incinerada? Deja de haber cuerpo, y por lo tanto no hay hueso *Luz.* Si en el espacio de tiempo entre el momento de la cremación y la siguiente encarnación del alma (de hecho, mientras el alma está buscando un espacio o vasija que ocupar), tuviera lugar la Resurrección y viniera el Mesías, entonces la Luz no tendría nada en el cuerpo incinerado que pudiera utilizar como conducto. La chispa permanecería en el Mundo Inferior, incapaz de elevarse porque no tiene vasija en la cual hacerlo.

El cristianismo llama purgatorio al espacio entre la muerte y el juicio, entre el Cielo y el Infierno. Hay muchas almas en este espacio transicional, razón por la cual el cristianismo se refiere a muchos tipos de espíritus, positivos y negativos, que se ven forzados a deambular. Desde una perspectiva kabbalística, estos espíritus deambulan porque les falta una vasija apropiada en la cual reencarnarse. Si su vasija previa fue incinerada, ya no puede proporcionarle al alma adecuada un nuevo hogar. En algún momento el alma podrá convertirse en un nuevo cuerpo, pero la incineración prolonga el proceso. Y la cremación también puede tener un efecto en la forma en que el alma reencarna.

Conectar con los muertos

Mucha gente quiere conectar con sus seres queridos que han fallecido. Ciertamente entiendo este anhelo, pero no recomiendo intentar conectar con los muertos, aunque sea posible hacerlo. ¿Por qué? Porque nuestra energía puede interferir con lo que esas almas están haciendo en sus encarnaciones actuales. Y lo que es más importante, fuimos colocados aquí para vivir nuestras propias vidas. Debemos dejar a nuestros seres queridos que sigan avanzando y avanzar nosotros.

Parte III

Uniendo todas las piezas

Capítulo 10

Armando tus piezas del rompecabezas

Antes del principio de todas las cosas, en lo que la Kabbalah llama el Mundo Sin Fin, dos fuerzas contribuyeron a la Creación. Una era la Luz, el infinito, el constante *Deseo de Compartir.* La Luz es toda bondad. Es la energía universal que existe dentro de todas las cosas, una energía que posee inteligencia. *Es la Fuerza de Luz del Creador de la cual nuestras almas se diferenciaron el momento de nuestro nacimiento, y es la Fuerza de Luz a la cual nuestras almas regresan cuando mueren nuestros cuerpos. Es la Luz de Dios.*

Los antiguos kabbalistas definen la Fuerza de Luz, llamada Dios, como infinitamente dadora, infinitamente transmisora, infinitamente satisfactoria. Es la energía de la paz y la tranquilidad; de la salud y la abundancia económica; de la afirmación, el amor y las relaciones; de cada bendición que podamos desear. De hecho, cuando utilizamos la palabra "Luz", nos referimos a todas aquellas cosas maravillosas que podemos llegar a imaginar.

El propósito de estudiar Kabbalah es aprender cómo podemos conectarnos con la Luz y recibir todas sus infinitas bendiciones. La Kabbalah nos ayuda a entender que podemos extraer Luz de todas las cosas. En realidad, en el momento que aceptamos que nuestra alma es parte del flujo de la Luz y nos sintonizamos con ese flujo, todo lo que está a nuestro alrededor se ilumina.

La Luz es puro compartir, pero en el Mundo Sin Fin la Luz necesitaba algo a lo cual otorgar su beneficencia. Así que creó una entidad cuya capacidad era tan vasta que podía recibir continuamente e interminablemente todo lo que la Luz tenía para dar; creó un receptor infinito. En la Kabbalah, llamamos a esto el alma original o la Vasija original. Si la Luz es la energía del más, entonces la Vasija es la energía del menos, y es la segunda fuerza de la Creación.

¿Por qué los kabbalistas utilizan la palabra "Vasija"? La Vasija era el ser original creado con el propósito de recibir todos los placeres y la bondad que el Creador y la Luz querían dar. De la misma forma que un vaso contiene agua, cada uno de nosotros es una vasija, un recipiente con la capacidad de recibir lo que el Creador tiene reservado para nosotros.

La Vasija era el resultado del deseo de compartir de la Luz. Y la Vasija quería todo lo que la Luz tenía para ofrecer, cualquier forma de deseo. Así pues, durante un tiempo hubo completa armonía. La naturaleza de compartir estaba compartiendo: la Luz daba. La naturaleza de recibir estaba recibiendo: la Vasija recibía. ¡Y era perfecto!

Pero las cosas cambiaron.

En cualquier creación se encuentra la esencia de su creador. Aunque la naturaleza de la Vasija era sólo recibir, al ser infundida con el torrente de amor del Creador, la Vasija también absorbió la naturaleza de compartir de la Luz. En el Mundo Sin Fin, la Vasija lo recibía todo; es decir, todo menos la oportunidad de dar algo a cambio y de esta forma ganarse la Luz que estaba recibiendo. Pero recibir sin reciprocidad empezó a causar que la Vasija se sintiera cada vez más incómoda, puesto que había desarrollado en sí misma el deseo de dar y recibir. Sin embargo, la Luz sólo podía dar; no tenía la capacidad de recibir. Así pues, la Luz le dijo a la Vasija: "No puedo tomar nada de ti".

A estas alturas la Vasija no podía continuar recibiendo sin compartir. Nuestro universo se creó como resultado de que la Vasija dijera: "Me siento avergonzada. Estoy recibiendo algo por nada" (en términos kabbalísticos, esto se llama Pan de la Vergüenza), "y debo tener también la oportunidad de compartir".

Así que la Vasija hizo retroceder a la Luz y se resistió. Le dijo a la Luz: "¡DETENTE, NO QUIERO MÁS!". Puesto que la única intención del Creador era complacer a la Vasija, el Creador retiró la Luz. En la Kabbalah decimos que la Luz se restringió a sí misma, creando un momento de tal oscuridad que resultó insoportable para la Vasija. Al sentir esto, la Luz volvió a dar a plena potencia, pero la Vasija no estaba preparada para eso. En ese instante, la Vasija se hizo añicos y explotó en un número infinito de fragmentos, creando de esta forma todas las almas de la humanidad, así como el tiempo, el espacio, el movimiento y el universo físico tal como lo conocemos en la actualidad. ¡El Big Bang!

El *Zóhar* nos enseña: "Tal como es Arriba, es Abajo". Lo que existió en el Mundo Sin Fin existe también en la Tierra. Todos los fragmentos de nuestro universo, incluidas nuestras almas, contienen algún aspecto del Deseo de Recibir. De hecho, este deseo de recibir es esencial. Es el motor que mueve a todo lo que existe en el universo.

No obstante, hay una importante diferencia entre el *Deseo de recibir y el Deseo de recibir sólo para uno mismo.* Cada vez que recibimos energía egoístamente, permitiendo que nuestro deseo de recibir nos controle, sin aplicar restricción ni dar nada a cambio, participamos en el Pan de la Vergüenza. Aun así recibimos la energía que demandamos, la cual nos llena por un momento y crea el placer inmediato que anhelamos por poco tiempo. Pero entonces se crea un cortocircuito, y en lugar de alegría encontramos negatividad y caos en nuestras vidas.

El *Deseo de recibir sólo para uno mismo* separa a nuestra alma de la fuente de Luz. Piensa en tu propia vida. Cuando te vuelves autoindulgente con la gratificación instantánea, cuando no logras hacer un esfuerzo, cuando no estás iniciando ni asumiendo la responsabilidad, cuando simplemente optas por el camino más fácil, cuando eres vago o dejas las cosas para más tarde, en ese momento los kabbalistas diríamos que te has desconectado de la Luz. Cuando todo trata sobre "¡yo, yo y yo!", estás actuando desde el *Deseo de recibir sólo para uno mismo.*

El propósito de la reencarnación es darnos la oportunidad para volvernos proactivos con nuestros actos de compartir. Se trata de ser conscientes. De hecho, nuestra conciencia nos ayuda a determinar cuánta Luz puede manejar nuestra Vasija. Si nuestra conciencia sólo se ocupa del "¡yo, yo y yo!", entonces nuestra capacidad para recibir Luz —nuestra Vasija— será muy pequeña. En realidad, sólo es lo suficientemente grande para uno. Pero si pensamos en cuidar de todo el planeta, ¡imagina cuán grande será nuestra vasija, y cuánta Luz podrá llegar a contener! Ese tipo de conciencia sana a las personas y les permite experimentar una vida verdaderamente satisfactoria.

Así pues, pregúntate a ti mismo: "¿Cómo puedo cambiar mi situación para estar en la Luz?". La única forma de hacerlo es actuando como la Luz, lo cual significa dando y creando. Y ser un creador significa ser la causa, ser el iniciador, ser proactivo. Nuestro mundo físico fue creado para darnos la oportunidad que no tuvimos en el Mundo Sin Fin, para convertirnos en seres que comparten, no sólo receptores pasivos.

Efectivamente, el propósito real de nuestra alma en cada vida es transformar esa parte de nuestra naturaleza que es el *Deseo de recibir sólo para uno mismo* en *Deseo de recibir con el propósito de compartir*. Entonces es cuando nuestra alma regresa a su fuente: la Luz. En términos kabbalísticos, esto requiere que hagamos restricción: que estemos ahí para otros seres humanos cuando nos necesitan; que abandonemos nuestra zona de confort para ayudarles. Ahí es cuando la Luz del Creador puede fluir a través de nosotros y crear milagros.

Aprender a transformar nuestro Deseo de recibir sólo para uno mismo en Deseo de recibir con el propósito de compartir es el objetivo de cada una de nuestras encarnaciones.

Tenemos muchas vidas para reconectar con el circuito original del amor. Por eso es tan importante entender la reencarnación. La Kabbalah nos ayuda a ver el gran rompecabezas: la Luz y la Vasija. Pero también nos ayuda a entender nuestros rompecabezas individuales: el propósito de nuestra propia vida.

Cada uno de nosotros viene a este mundo con un aspecto distinto para corregir. Este libro fue creado para ayudarte a colocar las piezas que faciliten tu propia corrección.

Desde el punto de vista de la Kabbalah, entendemos que hemos estado aquí antes y que nuestras almas han regresado a este mundo para ayudarnos a mejorar los defectos de nuestras vidas anteriores. La Kabbalah nos ayuda a entender nuestro rompecabezas —quiénes somos en esta vida y cuál es nuestro *tikún*— proporcionándonos tres herramientas poderosas: los ángeles, la astrología kabbalística y la lectura de la palma y del rostro. En lo que sigue de la Parte III, aprenderás sobre estas herramientas y cómo aplicarlas en tu vida. Utiliza estas herramientas a menudo, pues pueden ayudarte en tu viaje de regreso a la Luz.

Herramientas

Ángeles

Tuve una infancia muy loca. Fui a 13 escuelas públicas en 12 años. No aprendí a leer hasta que llegué a octavo grado. Llevaba ropas tan diferentes que no siempre reconocía que eran mías. En aquellos cortos años pasé por tantas vidas que llegó un momento en el que ni siquiera sabía en qué cuerpo encajaba. Por supuesto, los otros niños se reían de mí. En quinto o sexto grado se enfadaron mucho conmigo. Me ataron y me lanzaron al interior de un hoyo donde pasé la noche. Estaba aterrorizada. Era una niña. No sabía qué demonios hacer.

Pero en aquella oscuridad aterradora, escuché una voz que me decía: "No te preocupes. Vas a hacer cosas maravillosas en tu vida".

¿Pero quién demonios eres tú? Pensé. *¿Qué está ocurriendo aquí?*

Luego vi una figura. También la sentí. Era un ángel, y me dijo: "Mi nombre es Mijael. No te preocupes. La razón por la que tienes la vida que tienes es para que seas capaz de entender a las personas. Serás puesta a prueba muchas veces para ver si puedes ser la persona que ayude a los demás".

Y continuó hasta que tuvimos una conversación completa. "Nadie me entiende", le dije. "Todo el mundo piensa que soy rara. Piensan que estoy loca".

"Simplemente no te preocupes", repitió Mijael. "No durará para siempre".

"¿Y por qué tengo que estar aquí en este agujero?", pregunté.

De nuevo, dijo: "No te preocupes. Te encontrarán en la mañana y estarás bien. Nada va a pasarte esta noche. Y siempre que me necesites, cierra los ojos y pídelo. Yo vendré".

Fue la experiencia más asombrosa y una de las más profundas de mi vida. No creo que un adulto pudiera haber tenido un encuentro como este, pero los niños están más abiertos, más conectados a la Luz. Me he encontrado en incidentes similares desde entonces, pero aquel fue el importante para mí: la presentación de mi ángel, Mijael. Aun hoy puedo sentarme sola en una habitación y siento que está parado a mi lado. Pero sé que el aspecto que tiene para mí puede que no sea el mismo para otra persona a la que pueda visitar.

Una vez, cuando me hicieron mi carta astrológica, el astrólogo me dijo: "No sé qué es lo que estoy viendo. Parece como si pudieras atravesar fuego y no quemarte". Y sé que eso es cierto porque he atravesado fuego. Pero aquí estoy para contar esta historia, gracias a mi amigo, el arcángel Mijael.

¿Qué son los ángeles?

En todas las culturas existen relatos sobre seres etéreos. Algunas personas los llaman ángeles. Están con nosotros, y alrededor de nosotros. De hecho, cada ser humano tiene guías espirituales que pueden tomar muchas formas. Así pues, la pregunta es: ¿Qué son entonces los ángeles?

Podríamos pensar en ellos como energías espirituales. La Kabbalah enseña que la infraestructura de nuestro universo está compuesta por trillones de ángeles. Los ángeles pueden entrar en nuestros cuerpos; así es, ellos forman parte de nuestros cuerpos. Aunque los ángeles tienen la capacidad de adoptar una forma humana, también pueden aparecer con seis grandes alas. O pueden aparecer como diminutos pedacitos de energía conocidos como moléculas. Todo en este mundo es energía, y los ángeles no son una excepción.

¿Qué hacen los ángeles?

Puede que hayas oído hablar sobre el arcángel Rafael, quien es el ángel de la misericordia; Gabriel, el ángel de la justicia; y Uriel, quien puede traer equilibrio a nuestras vidas. Cada uno de estos arcángeles puede guiarnos en una cierta dirección, pero depende de nosotros si seguimos o no sus indicaciones.

Cada ángel tiene su propio trabajo específico. Nunca oirás hablar de ángeles que hacen tareas múltiples. Por ejemplo, hay un ángel que no hace otra cosa que llevar el mar hasta la orilla; ese es su trabajo. Otros ángeles inspiran a las flores para que florezcan. El ángel Dumá se lleva nuestras almas de este mundo cuando morimos. A diferencia de las personas, los ángeles no interfieren con las tareas de los otros. A cada uno lo suyo. Y a diferencia de las personas, los ángeles no tienen libre albedrío. Sólo hacen lo que les ordenan otros ángeles más poderosos o el Creador.

Nosotros mismos creamos ángeles con nuestras acciones durante la semana, lo cual hace de los ángeles una parte importante de nuestra vida cotidiana. De la misma forma que tenemos distintos sistemas de apoyo en el mundo físico (amigos, familia, médicos, etc.), también tenemos sistemas que nos ayudan en el mundo espiritual. Por ejemplo, los ángeles que nos ayudan a diario como una especie de gobernantes de ese día en concreto. (He incluido una lista de esos ángeles al final de esta sección). Sus nombres están formados en la antigua lengua aramea, pero no los decimos en voz alta. Simplemente escaneamos las letras arameas con nuestros ojos y le pedimos a ese ángel determinado que nos ayude en ese día. (Igual que sucede con nuestros teléfonos móviles, puede que no entendamos completamente esta tecnología, pero aun así podemos utilizarla para mejorar nuestras vidas, lo cual es más importante que saber cómo funciona la herramienta en sí). Hay otras formas en las que podemos llamar a nuestro ángel guardián también, si nos sentimos inclinados a hacerlo. Más adelante, en esta misma sección, explicaré cómo hacerlo.

Ángeles negativos

Todo en la vida está basado en la polaridad. Tienes ángeles positivos (blancos) y ángeles negativos (oscuros). Pero en el mundo espiritual, lo similar atrae a lo similar. Así pues, cuando vivimos nuestras vidas adecuadamente, cuando no nos involucramos con el lado negativo, atraemos ángeles blancos. Pero si vivimos nuestras vidas de forma negativa, atraemos ángeles oscuros. Y podemos estar seguros de que el lado negativo siempre está acechando, esperando a correr a nuestro lado cuando cometemos un error.

Con respecto a esos ángeles oscuros, es mejor no pronunciar sus nombres. Eso sólo hace que sean más efectivos en su trabajo: manifestar el caos. La entidad oscura femenina es a menudo la fuente de negatividad que viene a los niños; el crup y el síndrome de la muerte súbita en los bebés son sólo dos ejemplos de su trabajo.

Anteriormente en este libro mencioné los peligros de beber directamente de un manantial sin utilizar una taza u otro recipiente. Hay también otras formas de absorber la energía de fuerzas oscuras. Una vez caminé bajo la sombra de un gran árbol en la noche de un viernes y me invadió una sensación muy desagradable, por lo que corrí hacia la casa. Más tarde supe que ciertos ángeles negativos se esconden en la oscuridad de árboles que dan sombra. Permanecen a la espera de que pasen por ahí personas y puedan corromperlas. Has pensado alguna vez: "No sé qué que me ha pasado, ¡yo nunca diría algo así!". Bien, a veces se debe a que has sido influenciado. Esta es la razón espiritual por la cual es una mala idea caminar solo por la noche. No sólo eres vulnerable a los peligros físicos, sino también a los espirituales.

¿Fueron los ángeles negativos creados por Dios? La respuesta es no. Cuando Adán y Eva fueron creados, fueron colocados en el Jardín del Edén. Si Adán no hubiera comido del Árbol del Conocimiento del Bien y del Mal, habríamos permanecido en el mundo de la eternidad. Pero Adán y Eva eligieron el mundo de lo finito, y cuando cayeron a este mundo se les unió el lado negativo, el cual trajo consigo una legión de ángeles negativos. Estos ángeles negativos fueron creados por nuestra propia negatividad, nuestras acciones destructivas. Lo mismo ocurre con los ángeles positivos, excepto que ellos son el producto de nuestras acciones positivas.

Hay un refrán que dice: "Si me permites que te guíe, te ayudaré a llegar a la Luz. Pero si decides no ir a la Luz, también obtendrás toda la ayuda que necesites para ir al otro lado". Esto implica que un ángel es como un ser con un foco de luz que te permite conducir. Está ahí para decirte: "No creo que debas tomar este camino". Pero depende de ti escuchar su consejo; y decidir si lo tomas o no.

Misericordia y juicio

La Misericordia y el Juicio *—Jésed y Guevurá—* son también polos gemelos del universo. A través de nuestras acciones, oscilamos entre ambos. Podemos ganarnos la misericordia y avanzar en nuestro proceso de corrección a través de actos de compartir y de bondad amorosa, pero cuando dejamos que nuestro ego dirija el espectáculo, hacemos que el juicio caiga sobre nosotros.

> *Como hemos aprendido, todo en el mundo tiene una voz, y un ángel que flota y vuela en el firmamento, donde estas criaturas aladas la toman y la llevan a lo alto para ser*

juzgada como buena o como mala, tal como está escrito: "Porque las aves del cielo llevarán la voz, y las que tienen alas harán saber la palabra". (Eclesiastés 10:20).

—El *Zóhar, Lej lejá* 34:358.

Los ángeles escuchan, y llevan nuestros pensamientos, nuestras palabras y nuestras acciones a las Cámaras Superiores del mundo espiritual. Si hemos producido acciones, pensamientos o palabras positivas, los ángeles pueden devolvernos el favor susurrando un mensaje positivo sobre nosotros a la oreja de un jefe, de una chica o de un policía que está a punto de ponernos una multa. Por otro lado, si producimos pensamientos, acciones o palabras negativas, ángeles de mentalidad similar vendrán a esconder nuestras llaves o a oscurecer nuestra visión para que no veamos ese obstáculo y nos choquemos contra él con nuestro auto.

Los ángeles como mensajeros

En el nuevo testamento, el nacimiento de Jesús fue anunciado por ángeles que dijeron que sería llamado el "rey de los judíos". Así pues, sabemos que bíblicamente los ángeles son mensajeros. Yo intento permanecer lo más abierta que puedo a recibir cualquier mensaje que los ángeles quieran enviarme. En casos en los que he necesitado ayuda celestial, he colocado una silla en la habitación para el profeta Elías, que a menudo aparece cuando tiene que entregarse un mensaje. Cuando Jacob envió a José a visitar a sus hermanos, al principio José no podía encontrarlos, pero conoció a un hombre por el camino que le dio indicaciones; ese hombre era Elías el profeta.

Esa es una forma de ángel. Y esta es otra: hace muchos años, el Rav y yo oímos como alguien llamaba a nuestra puerta. Cuando la abrimos, vimos a una anciana que nos pidió pan; no nos pidió dinero, sólo pan. Había algo muy extraño en ella. Cuando más tarde comparamos notas, resultó que tuvimos el mismo pensamiento sobrecogedor: *Esto no es un ser humano de verdad, ¿no es así?* Aun así, le preparamos un paquete con todo lo que teníamos para dar. Le hicimos bocadillos, le dimos queso y fruta. Justo después de marcharse, pensamos: *¿Por qué no le ofrecimos también algo de dinero?* Recuerdo que el Rav corrió escaleras abajo para ofrecerle dinero, pero ella ya no estaba. Era una mujer muy mayor que casi no podía caminar, pero en unos instantes había desaparecido. No pudimos encontrarla por ninguna parte.

Mi interpretación fue que este incidente significaba que algo no muy agradable iba a sucedernos. Sin embargo, este ángel vino a nuestra puerta para ver qué hacíamos. Al ser generosos sin pensar en obtener nada a cambio, debimos pasar la prueba, y el ángel nos protegió.

Estas cosas realmente ocurren, y no sólo a mí. Las intervenciones espirituales ocurren en la vida de todo el mundo. De hecho, hay una historia en el *Zóhar,* en la porción *Behar,* que ilustra este mismo punto.

Dos estudiantes de Rav Shimón caminaban por el desierto cuando se encontraron a tres personas en medio de una "situación". Algo les dijo a los estudiantes que se escondieran detrás de un árbol y observaran qué estaba sucediendo. Vieron a dos viajeros que se habían encontrado con un hombre que estaba perdido en el bosque y estaba hambriento.

Uno de los viajeros dijo: "Está bien, voy a ayudarle".

Pero el otro dijo: "Sabes, tenemos un largo camino por recorrer, y no lograrás sobrevivir si le das tu comida. Tú no tendrás suficiente para comer. Si ayudas a este hombre acabarás muriendo en el desierto. Así que se trata de tu vida o la suya".

Pero el primer viajero ignoró la advertencia de su amigo y le dio su comida a aquel hombre hambriento.

Uno de los dos estudiantes de Rav Shimón quiso mostrar su presencia a los viajeros y salvar la situación. Pero el otro estudiante dijo: "No, no. Este es un acto del Cielo. Tenemos que ver qué va a suceder ahora". Así que decidieron seguir a los dos mientras seguían su camino por el desierto.

A medida que el día avanzaba, el viajero generoso se iba debilitando. Pero en lugar de mostrarle bondad y compasión, su amigo dijo: "Te dije que esto sucedería". Al tener una naturaleza egoísta, continuó su camino y dejó que su compañero muriera solo en medio de la nada. El viajero débil dio un traspié, se apoyó en un árbol y acabó cayendo dormido. Mientras dormía, una serpiente se deslizó por el tronco de aquel árbol y se dispuso a morderle. Pero entonces, un ángel en la forma de otra serpiente vino y agarró a la serpiente mortífera por su cabeza, salvando así la vida del viajero.

En aquel momento, los estudiantes de Rav Shimón salieron de detrás de los árboles. Despertaron al viajero generoso, le dieron de comer y le explicaron lo que habían observado. "Verás", le explicaron, "has estado a punto de morir. Pero los ángeles te han dado una oportunidad con el desconocido hambriento para que actúes con bondad; y como has sido tan generoso, se te ha permitido vivir".

Ciertas situaciones en nuestras vidas que pueden parecer muy difíciles si fueran observadas por otra persona, la mayoría de las veces son intervenciones de Arriba. Ellos crean una circunstancia que puede determinar si seguimos avanzando con nuestro proceso o nos quedamos encallados. Cualquier desconocido que nos pide algo podría estar decidiendo si darnos o no un mensaje o si intervenir o no en nuestro beneficio. Porque, después de todo, un ángel es un mensajero.

Los ángeles, las palabras y la conciencia

La conciencia tiene energía como todo lo demás en el universo, pero la mayor parte del tiempo nos olvidamos de este hecho. Si quieres comprobar la verdad de lo que he dicho, haz la prueba con este pequeño ejercicio. La próxima vez que vayas al cine, mira fijamente a la parte baja de la nuca de la persona que se siente delante de ti. Sólo enfócate en un punto de su cuello, y tarde o temprano esa persona empezará a tocarse ese punto, y puede que incluso se gire para mirarte de frente. ¿Por qué? Porque esa persona puede sentir la energía que sale de tus ojos.

Las palabras también tienen energía. A veces cuando chismorreamos un poco puede parecer que decimos cosas sin importancia. Pero cada palabra que pronunciamos es amplificada por un ángel. Los ángeles son canales. Son parte del sistema de cableado que une nuestro mundo con el Mundo Superior. Una vez que somos conscientes de este mecanismo, empezamos a hablar y a actuar de forma distinta. Ahora somos mucho más reticentes a perder los estribos y decir cosas desagradables de las que nos arrepentiremos más tarde. Mientras que antes puede que dijéramos: "¡Aléjate de mí!" o "¡Te odio!" u "¡Ojalá estuvieras muerto!" en un momento de ira, ahora sabemos que los ángeles están esperando a transmitir esas palabras; y puede incluso que hagan que el sentimiento que está detrás de esas palabras se haga realidad. Una vez que sabemos que nuestras palabras tienen energía, sabemos que puede haber un ángel con una espada al lado de las personas a las que realmente amamos.

Ser consciente significa saber que todo lo que hacemos o decimos tiene un efecto, negativo o positivo. Sólo porque no vemos el resultado de forma inmediata no significa que no vaya a producirse. Al contrario. Las personas que están muy sintonizadas con los aspectos espirituales de la vida se dan cuenta de que no hay una brizna de hierba que crezca sin un ángel que le diga que crezca. ¿Podemos mantener esta conciencia elevada todo el tiempo? Probablemente no. El Arí dice que si fuéramos capaces de ver todo lo que realmente está a nuestro alrededor —todas las energías y las fuerzas que funcionan más allá del alcance de nuestros cinco sentidos— ¡probablemente nos moriríamos de miedo!

Los arcángeles

Aunque el universo está lleno de trillones de ángeles, sólo hay cuatro arcángeles permanentes: Rafael, Mijael, Gabriel y Uriel. Son los comandantes en jefe, los maestros constructores de escuadrones. Nuestros campeones. Analicémoslos con un poco más de detenimiento.

Rafael

Refuá significa "curar" en hebreo, y Rafael es el ángel de la curación. La Kabbalah enseña que la enfermedad (malestar) significa ausencia de bienestar. Cuando estás físicamente enfermo, algo está desequilibrado espiritualmente. Nada ocurre en el mundo físico que no ocurra primero en el mundo metafísico. Piensa en el mundo espiritual como una computadora y en el mundo físico como una impresora. Las decisiones reales se realizan utilizando el software de la computadora. Luego esas decisiones se manifiestan físicamente en la pantalla de la computadora como palabras o imágenes, las cuales pueden imprimirse luego en un trozo de papel. Pero si necesitas corregir el texto, debes regresar a la computadora, rectificar el error y luego volver a imprimir el documento.

En el mundo espiritual, las decisiones se toman en el nivel de la conciencia. Por lo tanto, la enfermedad emerge también de ese nivel, y ahí es donde debe ser tratada. Una opción es llamar al ángel Rafael.

Mijael

Dada la historia de mi infancia, es fácil entender por qué mi ángel favorito es Mijael. Él es el ángel de la misericordia, o *Jésed.* Mijael es el rey de los arcángeles. Su nombre significa "El que es como Dios". Él es el ángel que debemos llamar cuando busquemos arrepentimiento, rectitud y, por encima de todo, misericordia. Nos balanceamos ente la Misericordia y el Juicio, entre *Jésed* y *Guevurá.* La Misericordia es la fuerza que suaviza al juicio, y Mijael es un guerrero de esa bondad.

Gabriel

Gabriel es el ángel del juicio. Se dice de él que sostiene la rueda de la vida y la muerte. Él decide —basándose en la encarnación que acaba de finalizar y la vida que va a ser— a qué vasija va cada alma en el momento de la concepción y cuándo es el momento de que un alma deje atrás su cuerpo. El arçángel

Gabriel es el ángel de la rueda de la vida; el es portador de almas.

Guevurá significa "fuerza", y podemos ver que existe una raíz común en las palabras *Guevurá* y Gabriel. El nombre de Gabriel significa "Fortaleza de Dios". El juicio es el dominio de Gabriel, así que debemos tener cuidado con él. Según las antiguas escrituras, el Creador le ordenó a Gabriel "ve y escribe señales en las frentes de los justos para que ningún ángel saboteador pueda dañarles. Ve a los malvados y escribe señales en sus frentes para que los ángeles saboteadores puedan dañarles".

Así pues Gabriel, nuestro juez, marca una "R" de rectitud invisible en nuestra frente cuando doblegamos nuestra naturaleza egocéntrica, resistimos nuestro comportamiento reactivo y avanzamos en nuestro proceso. Esa marca es un sello de aprobación celestial. Los ángeles destructores miran nuestra frente y nos dejan en paz. Pero si estamos hundidos en la negatividad, Gabriel nos pone una marca distinta. Entonces, como dice el texto antiguo, "los ángeles saboteadores" descargarán su justicia sobre nosotros.

Ciertamente no querría estar demasiado cerca de Gabriel porque su trabajo es el juicio. Trata sobre la vida y la muerte. Es decisión suya utilizar la rueda de la vida sin la gracia de Dios, porque es Gabriel quien tiene el control final de ésta.

El principio del capítulo bíblico de Vayerá afirma: "Y Dios apareció… y Abraham estaba sentado en la puerta de la tienda… y vio a tres hombres parados cerca a él". (Génesis 18:1-

2) Los tres "hombres" eran ángeles, y cada uno tenía una misión que cumplir. El *Zóhar* explica que Dios envió a estos arcángeles para ayudar a Abraham, quien tenía 90 años y se estaba recuperando de la circuncisión que se había realizado a sí mismo. ¿Pero quiénes eran estos tres arcángeles?

Rafael, el sanador, vino para aliviar el sufrimiento físico y curar su circuncisión, pues era el tercer día y el más difícil. Mijael vino para bendecir a Abraham y a Sara, quienes engendrarían un hijo al año siguiente. Y Gabriel, portador del juicio y la justicia, vino a contarle a Abraham, que las ciudades de Sodoma y Gomorra, que estaban dominadas por el mal, iban a ser destruidas.

Uriel

Queremos equilibrio en nuestras vidas, y este acto de equilibrar es el trabajo del arcángel Uriel. Está escrito que "Uriel vigila los truenos y el terror". El nombre Uriel significa "Fuego de Dios", pero la palabra deriva de la palabra hebrea *or*, que significa "luz". Así pues, Uriel puede llamarse también "Luz de Dios". Él es el gran equilibrador y una poderosa fuerza para traer a nuestra vida.

Algunos de nosotros somos extremadamente emocionales, otros extremadamente intelectuales o juzgamos demasiado. Y otros pueden estar hundidos en la insensibilidad. Uriel nos trae equilibrio y nos ayuda a moderar nuestro comportamiento, aun en nuestra insensibilidad.

Invoca los nombres de estos arcángeles: Rafael, Mijael, Gabriel y Uriel. Di sus nombres en voz alta. Comprueba si hay alguno de ellos en particular con el que conectes más, de quien sientas energía.

Metatrón

Metatrón es excepcional en la jerarquía de ángeles porque es el único que empezó su vida como ser humano. A través del trabajo espiritual y la transformación, no sólo ascendió a un estatus angélico, sino que se lo llevaron en una carroza y lo nombraron jefe de todos los ángeles. Originalmente conocido como Enoj o Janoj cuando era mortal, recibió el nombre de Metatrón después de ser transformado en un ángel.

El *Zóhar* identifica a Metatrón como el ángel que guió al pueblo de Israel por el desierto después de su éxodo de Egipto. Metatrón trasmite las órdenes diarias de Dios al arcángel Gabriel, así como a Satán, el ángel de la muerte. Cuando a Metatrón se le encomendó el trabajo de supervisar a todos los ángeles, ellos se enfadaron y le preguntaron al Creador: "¿Cómo puedes poner a un hombre por encima de nosotros?" Y el Creador contestó: "Porque un ángel no tiene deseo de recibir y porque ustedes sólo tienen una tarea en este mundo, que llevan a cabo sin libre albedrío; no pueden tomar decisiones por ustedes mismos". Por el contrario, Metatrón había vivido como humano. Lo había visto todo y había utilizado su libre albedrío para ser parte de Dios. Aun después de todo el sufrimiento que había atravesado, eligió dedicar su vida entera al Creador. En virtud de su gran logro, se le permitió elevarse por encima de los ángeles.

Como nos dice el *Zóhar* en el segmento bíblico de Jayei Sará, los ángeles también expresaron su infelicidad con la Creación. Le preguntaron a Dios: "¿Por qué vas a crear el mundo? Sabes que el hombre va a pecar y a causar sufrimiento. ¿Por qué harías algo así?". Y el Creador respondió: "Porque eso es parte de lo que trata la vida. Ustedes nunca experimentarán ese aspecto de la vida, pero pueden ayudarme a levantar a aquellos que han caído".

Podemos ser empujados

A veces, en la quietud de la noche, si escuchas con atención, puede que oigas el revoloteo de unas alas. Sí, es cierto: cada uno de nosotros puede aprender a escuchar a los ángeles.

Este proceso de escuchar la voz de los ángeles dentro de nosotros está gobernado por nuestra conciencia. A menudo es la voz de un ángel la que nos guía en nuestro interior diciendo: "Sabes que no quieres hacer esto". A veces conectamos con más de una voz; de hecho, podemos sentir la presencia de un ángel, como me sucedió a mí la noche que vi a Mijael en aquel hoyo.

No obstante, a menudo bloqueamos esa voz o esa presencia. Quizá tengamos miedo, o quizá la voz esté diciendo algo que no queremos escuchar. Pero si nos permitimos experimentar la dimensión espiritual, podemos convertirnos en conductos mucho más útiles para la Luz en el mundo y el universo.

Hay un poema sobre un astrónomo y un muchacho en el cual el astrónomo se dedica a medir las estrellas: lo lejos que están, cuánto tiempo tarda su luz en alcanzarnos. Pero el muchacho simplemente se empapa de la gloriosa luz que brilla y resplandece como si atravesara pequeños agujeritos de alfiler en la manta del cielo nocturno. Cuando pensamos sobre ángeles, debemos intentar ser más como el muchacho que como el astrónomo.

No estoy diciendo que debamos ir por la vida libres de pensamiento racional. Pero si queremos esta energía, esta capacidad para entender a los ángeles, tenemos que abrirnos a ella soltando temporalmente el dominio de nuestra mente racional. Kabbalísticamente, si dejamos espacio con la intención de permitir que entre una fuerza de energía positiva, podemos recibir un regalo en la forma de un visitante elevado. La mejor forma de hacer esto es animando a nuestra mente racional a que se haga a un lado, permitiéndonos así llenar nuestra conciencia con esta otra energía.

Intenta sentarte relajadamente durante 20 minutos al día (sé que es mucho) y empuja todo fuera de tu mente. Sólo respira y escucha la quietud. Luego presta atención a todo lo que venga a tu mente. Mira a ver si puedes desarrollar primero la capacidad de reconocer y luego de hablar a tu voz interior, conectando quizás de una forma más plena con el ser en particular que está ahí para ti. Es una posibilidad. Inténtalo y verás.

Tu ángel guardián

Cada uno de nosotros tiene su propio ángel guardián, y cada ángel guardián tiene su propio nombre. Puede que nuestro ángel no venga a nosotros con un nombre, pero en ese caso podemos ponerle uno. En verdad no es tan importante saber el nombre de nuestro ángel guardián como saber que nuestro ángel existe; y que siempre está con nosotros.

En el momento en que nacemos, nuestro ángel guardián personal nos da un golpecito en el labio, creando un pequeño surco entre nuestra nariz y nuestra boca. Con ese golpecito, nos olvidamos prácticamente de todo lo que sabíamos antes, incluido cualquier atisbo que se nos fuera dado de nuestro rompecabezas armado.

Nuestro ángel guardián acompaña a nuestra alma a este mundo y sólo nos deja cuando morimos. Viaja junto a nosotros a lo largo del viaje de la vida, proporcionándonos pruebas que nos ayudan a completar nuestro proceso y dándonos un codazo cuando nos desviamos del camino. Nuestro ángel es nuestro maestro, nuestro amigo y nuestro enemigo; en resumen, nuestro compañero espiritual en esta vida. Nuestro ángel guardián nos ayuda a colocar las piezas de nuestro rompecabezas en su lugar. Cuanto más nos abrimos a la influencia de nuestro ángel, más alto llegamos.

El ángel guardián nos ayuda a obtener acceso a los niveles espirituales que no podemos alcanzar por nuestros propios méritos. Ellos hacen las conexiones. Su propósito es traer Luz a nuestro mundo físico de confusión y a nuestras preguntas. Utilizan su influencia para interceder en nuestro nombre. Son como abogados personales benevolentes que negocian el mejor acuerdo para nuestro crecimiento espiritual. Cuando atravesamos por tiempos difíciles, podemos contactar a nuestro ángel guardián para encontrar respuestas. Nuestro ángel está sentado sobre nuestro hombro derecho, y aunque puede que no lo veamos ahí, preside sobre la misericordia.

Curiosamente, no mantenemos el mismo ángel guardián a lo largo de todas nuestras vidas. Tenemos uno distinto para cada encarnación, pues cada vida tiene su propio karma. Si hemos finalizado parte de lo que vinimos a hacer en una vida y nos elevamos al siguiente nivel, entonces viene un ángel nuevo a trabajar con nosotros. Puesto que cada ángel tiene su propia tarea, una vez que hemos finalizado una corrección en particular en nuestra vida actual, necesitaremos un ángel nuevo para la siguiente corrección.

Hay un ángel guardián siempre con nosotros. Nunca estamos solos.

Encuentra a tu ángel guardián

El Creador no permite que exista nada en nuestras vidas que no pueda corregirse de una forma u otra. Esto es así porque la vida consiste en oportunidades y pruebas calculadas para acercarnos a Su Luz eterna, motivo por el cual Él nos otorga el regalo de un ángel guardián.

Puesto que tu ángel guardián es único para ti, necesitarás pasar por tu propio proceso para localizar a ese ángel. El siguiente ejercicio puede ayudarte a poner ese proceso en marcha. Puede que te resulte útil grabar las siguientes instrucciones y reproducírtelas para que puedas mantener los ojos cerrados durante la meditación. También puedes pedirle a alguien que lea estas instrucciones en voz alta de una forma lenta y acompasada mientras tú las sigues.

Siéntate con los pies sobre el suelo sin cruzar los brazos, permitiendo que la energía fluya a través de tu ser. (Cruzar tus brazos o tus piernas obstruye el flujo de energía). Eleva tus ojos ligeramente por encima del campo de visión (dirige tus ojos hacia arriba en dirección a tu coronilla) y ciérralos.

Deja que los músculos de tu cara y de tus ojos se relajen. Ahora relaja la parte trasera de tu cuello, tus hombros y tus manos. Deja que tus brazos cuelguen, dejando caer su peso a ambos lados. Deja que tu nuca, tu columna vertebral y todos tus órganos internos se relajen. Deja que esa sensación de calidez, comodidad y relajación se mueva lentamente a lo largo de tu torso hasta llegar a tus caderas, y luego hasta tus piernas, tus pies y la punta de tus dedos.

Visualiza el número tres, tres veces. Luego el número dos, tres veces. Luego el número uno, tres veces. Y ahora date un tiempo para no hacer otra cosa que seguirme en este viaje en el ojo de tu mente.

Visualízate subiendo por una escalera. Al final de la escalera, puedes ver un rayo de Luz. Vas subiendo peldaño por peldaño, acercándote cada vez más a la Luz. A medida que te acercas a ella, mientras sigues subiendo, puedes sentir su calidez.

Ahora estás en el final de la escalera, envuelto en esta Luz blanca, cálida y hermosa. Déjate envolver por ella. Siente como calma tu cuerpo. Deja que su calidez fluya a través de ti.

Ahora permite que la Luz te guíe a través de una puerta que te lleva a una habitación. Allí no encuentras nada más que un sillón, unos brillantes y cálidos rayos de luz solar que entran a través de una ventana, y una puerta que se abre de abajo a arriba (como si fuera una puerta de garaje).

Siéntate en el sillón un momento e imagina el tipo de entidad espiritual a la que te gustaría poder convocar cuando más lo necesitas. Permítete pensar en ese ser como si estuviera dedicado sólo a ti.

Ahora levántate del sillón y ve hacia la puerta de tipo garaje. Agáchate y empieza a subirla, mientras te das cuenta de que hay una fuente de luz nueva detrás de esa puerta. A medida que elevas lentamente la puerta, visualiza ese ser, ese amigo espiritual con quien esperas compartir todas tus decisiones importantes. Permite que ese amigo atraviese la puerta y entre en la habitación.

Abraza a este ser, pues ha esperado toda tu vida esta invitación para convertirse en una parte consciente de ti. Piensa en qué nombre quieres ponerle.

Si el ser no se ha materializado todavía, recibe el sentimiento que te produce. Y ponle el nombre que te parezca más adecuado.

Agradécele su presencia. Acércalo a ti. Bendícelo. Luego envíalo de nuevo al otro lado de la puerta.

Ahora baja la puerta. Mira la luz que brilla tras ella mientras la vas bajando, hasta que se cierra del todo y la luz desaparece por completo. Puede que sientas frío por unos instantes, pero recuerda que nunca estás solo. El Creador en Su infinita sabiduría ha asegurado la presencia de fuerzas positivas en todo momento. Y ahora, aun en tus momentos más oscuros, tienes un nuevo amigo a quien llamar. Quédate tranquilo sabiendo que este primer encuentro es sólo el principio de una conexión de por vida que cada día será más fuerte y más cómoda.

Ahora regresa a ese sillón y siéntate. Relájate. Imagina que tu cuerpo se relaja totalmente. Y ahora, mientras estás todavía en el sillón, siente como eres elevado y envuelto por la calidez de la Luz. Siente como penetra en tu ser.

Ahora levántate de la silla y empieza a descender por la escalera. A medida que desciendes por cada peldaño, estás volviendo a entrar en el tiempo terrenal. Cuando llegues a la base de la escalera, haz unas respiraciones profundas. Lentamente, cuenta del uno al cinco: uno, dos, tres, cuatro, cinco.

Cuando llegues al cinco, puedes regresar al aquí y ahora. Bienvenido de nuevo.

Los ángeles nos traen el regalo de ser capaces de conectar con la bondad eterna, aun en los peores momentos. A medida que desarrollamos la conciencia que nos permite utilizar ese regalo, esa conexión se vuelve cada vez más fácil de hacer. Y podemos quedarnos tranquilos, sabiendo que no habrá nunca un momento en el que nuestro ángel guardián no esté ahí. Siempre podemos contar con él. Su presencia nos recuerda que por muy profundo que podamos caer en la oscuridad, siempre hay una salida. Mientras podamos respirar, somos capaces de completar nuestro *tikún*. Y gracias a los ángeles, siempre estamos en compañía de amigos.

LOS ÁNGELES DEL DÍA

En nuestras vidas hay fuerzas angélicas en funcionamiento que podemos convocar para que nos ayuden en circunstancias específicas. Escanear con la mirada las siguientes oraciones puede activar estas fuerzas. Escanea con tus ojos la oración correspondiente a ese día, de derecha a izquierda, mientras formulas un deseo. Medita en aquello en lo que necesitas ayuda —vencer el miedo, aumentar el deseo, abrirte más— y deja que el poder de los ángeles acuda en tu ayuda.

los ángeles del día

יום אֶ יֱהֹוִה

DOMINGO

יַוַדַ הַיַ וַיַוַ הַיַ יֵוֵדֵ הֵיֵ וֵאֵוֵ הֵיֵ

אל שדי יאולדפההייויאוודההיי

אנא בכוח גדולת ימינך תתיר צרורה

אְבָגֶיֶתֶץ יְהֱוֶה יֶהֶוֶה

סֶמֶטֶוֶרֶיֶה גֶזֶרֶיֶאֶל וֶעֶנֶאֶל לֶמֶוֶאֶל

ר"ת סגול

Dirección de escaneo

...continuará...

los ángeles del día

יוֹם בְּ

LUNES

יוד הי ואו הי יוד הי ואו הי יוד הא ואו הא

אל יהוה יאולדףההאאויאוודההאא

קבל רנת עמך שגבנו טהרנו נורא

קַרְעֶשְׂטָן יְהוָה יְהוָה

שְׁמַעְיָאֵל בְּרַכְיָאֵל אֲהַנְיָאֵל

ר"ת שוא

Dirección de escaneo

los ángeles del día

יום ג

MARTES

יוד הא ואו הא יוד הֵהֵ וָוָ הֵהֵ

אל אדני יאולדףההההויוודההה

נא גבור דורשי יחודך כבבת שמרם

נַגְדֶיכַש יְהֶוִהַ יהוה

וזניאל להדיאל מוזניאל

ר"ת וזלם

Dirección de escaneo

...continuará...

los ángeles del día

יום ד׳

MIÉRCOLES

יוד הא ואו הא יוד הֵה וָו הֵה

אל אדני יאולדפההההויוודההה

ברכם טהרם רוזמי צדקתך תמיד גמלם

בַטְרֶצְתְג יַהֱוְהְ יִהִוִהִ

וִזִקִיִאִל רִהִטִיִאִל קִדִשִיִאִל

ר"ת וזרק

Dirección de escaneo ←

los ángeles del día

יום הֵ

JUEVES

יֻוֻדֻ הֵיֵ וֵאֵוֵ הֵיֵ יְוְדְ הְיְ וְאְוְ הְיְ יוד הא ואו הא

אל יהוה יאולדפההאאויאוודההאא

וזסין קדיש ברוב טובך נהל עדתך

חֲקֶבְטַנַע יֱהֹוַה יֱהֱוֶה

שֵׁמֵוֵעֵאֵל רֵעֵמֵיֵאֵל קֵנֵיֵאֵל

ר"ת שרק

(הקבוץ מלאכיו בר"ת שורק)

← Dirección de escaneo

...continuará...

los ángeles del día

יום ו׳

VIERNES

יַוַד הַי וַיַו הַי יֵוֵד הֵי וֵאֵו הֵי

אל שדי יאולדפההייויאוודההיי

יוזיד גאה לעמך פנה זוכרי קדושתך

יְגְלֶפְזָק יֱהֱוָה יוהוודהו

שומושויואולו רופואולו קודושויואולו

ר"ת שרק

Dirección de escaneo

los ángeles del día

לֵיל שַׁבָּת

VIERNES
SHABAT EN LA NOCHE

יֻוֻדֻ הֻיֻ וֻאֻוֻ הֻיֻ

שועתנו קבל ושמע צעקתנו יודע תעלומות

שַׁקְוֻצְיָת יַהֱוִהָ יֱהֱוֱהֱ יֵהֵוֵהֵ

שְׁמְעְיְאְלְ בְּרְכְיְאְלְ אְהְנְיְאְלְ

ר"ת שוא

סֶמֶטֶוֶרֶיֶהֶ גֶּזֶרֶיֶאֶלֶ וֶעֶנֶאֶלֶ לֶמֶוֶאֶלֶ

ר"ת סגול

צֵוֵרֵיֵאֵלֵ רֵזֵיֵאֵלֵ יֵוֵפֵיֵאֵלֵ

ר"ת צירי

Hay tres conexiones separadas de ángeles en Shabat porque este tiene energía adicional.

← Dirección de escaneo

los ángeles del día

יום שבת

SÁBADO
SHABAT EN LA MAÑANA

יָוָדָ הָיָ וָוָוָ הָיָ יַוַדַ הַיַ וַיַוַ הַיַ

שׁועתנו קבל ושמע צעקתנו יודע תעלומות

שַׁקְוֹצִית יֱהֹוִה יְהֱוִהְ יָהָוָהָ

שְׁמְעְיְאְלְ בְּרְכְיְאְלְ אְהְנְיְאְלְ

ר"ת שוא

קָדָמָיָאָלָ מָלָכָיָאָלָ צָוָרָיָאָלָ

ר"ת קמץ

Dirección de escaneo

los ángeles del día

מנוחת שבת

SÁBADO
SHABAT EN LA TARDE

יוֹד הֹא וֹאוֹ הֹא יַוַדַ הַאַ וַאַוַ הַאַ

שועתנו קבל ושמע צעקתנו יודע תעלומות

שַׁקֻוצֵית יֶהֱוִה יְהְוְהְ יַהַוַהַ

שְׁמְעְיְאְלְ בְּרְכְיְאְלְ אְהְנְיְאְלְ

ר"ת שוא

פַּדַאַלַ תַלַמַיַאַלַ (תַוַמַיַאַלַ) וַזַסַדַיַאַלַ

ר"ת פתוז

Dirección de escaneo

Herramientas

Astrología kabbalística

Puede que la astrología te resulte familiar como medio para predecir el futuro. Los periódicos y las revistas a menudo contienen previsiones basadas en nuestro signo astrológico sobre cómo irá el día, la semana o el mes: si es un buen momento para iniciar un negocio, para encontrar romance o para hacer nuevos amigos. La astrología convencional, tal y como la conocemos, está basada en la suposición de que todo lo que hacemos está influenciado por los cielos. Pero la astrología kabbalística tiene una orientación y un propósito totalmente distintos. Señala los atributos específicos para que nos volvamos más proactivos en nuestro esfuerzo por elevar nuestra alma.

Tal como hemos viso, nuestra vida presente es un agregado de todas nuestras vidas previas, durante las cuales nos hemos enfrentado a desafíos y hemos hecho elecciones. Algunas de estas elecciones promovieron el crecimiento de nuestra alma. Otras no fueron tan buenas y resultaron en un crecimiento de nuestro *Deseo de recibir sólo para uno mismo.* Esas elecciones limitaron el crecimiento de nuestra alma.

El momento preciso en el que nacemos es el momento exacto en el que nuestra alma tiene más oportunidades de volverse más como la Luz. Nuestro karma de vidas anteriores determina bajo qué signo debemos nacer para adquirir los rasgos necesarios para corregir nuestras elecciones previas no tan acertadas, de forma que esta vez podamos hacer mejores elecciones y llevar a nuestra alma más cerca de la Luz.

La astrología kabbalística proporciona un mapa de carreteras que identifica claramente dónde hemos caído en el pasado y cómo podemos hacer una corrección esta vez. Nuestras elecciones pasadas han determinado de dónde partimos en esta vida, y nuestras elecciones presentes determinarán dónde iremos en la siguiente. Las decisiones individuales las debemos hacer nosotros, pues el Creador nos ha otorgado libre albedrío.

Nuestro *tikún* nos muestra el trabajo que debemos hacer con nosotros mismos en esta vida. En una carta astrológica, nuestro *tikún* se llama nodo lunar. Éste representa el *Deseo de recibir*. El nodo lunar está formado por dos polos opuestos: el nodo sur, que describe todo el equipaje que traemos a esta vida, y el nodo norte que describe el camino hacia nuestra corrección. Juntos, estos nodos son la clave para regresar a la Luz.

LA PRÁCTICA DE LA ASTROLOGÍA KABBALÍSTICA

Para determinar qué signo determina tu *tikún*, consulta la tabla que aparece más abajo. Esta tabla va seguida de una breve descripción de tu corrección actual basada en tu vida pasada. Si quieres aprender más sobre astrología kabbalística, el Rav ha escrito un libro excelente que profundiza con más detalle en el tema: *La astrología kabbalística y el significado de nuestras vidas.*

TABLA DE REFERENCIA PARA EL *TIKÚN*

Si naciste entre estas dos fechas:	**Tu punto de tikún es:**
13 de septiembre de 1939 a 24 de mayo de 1941	Libra
25 de mayo de 1941 a 21 de noviembre de 1942	Virgo
22 de noviembre de 1942 a 11 de mayo de 1944	Leo
12 de mayo de 1944 a 2 de diciembre de 1945	Cáncer
3 de diciembre de 1945 a 3 de agosto de 1947	Géminis
4 de agosto de 1947 a 26 de enero de 1949	Tauro
27 de enero de 1949 a 26 de julio de 1950	Aries
27 de julio de 1950 a 28 de marzo de 1952	Piscis
29 de marzo de 1952 a 9 de octubre de 1953	Acuario
10 de octubre de 1953 a 2 de abril de 1955	Capricornio
3 de abril de 1955 a 4 de octubre de 1956	Sagitario
5 de octubre de 1956 a 16 de junio de 1958	Escorpio
17 de junio de 1958 a 15 de diciembre de 1959	Libra
16 de diciembre de 1959 a 10 de junio de 1961	Virgo
11 de junio de 1961 a 23 de diciembre de 1962	Leo
24 de diciembre de 1962 a 25 de agosto de 1964	Cáncer
26 de agosto de 1964 a 19 de febrero de 1966	Géminis
20 de febrero de 1966 a 19 de agosto de 1967	Tauro
20 de agosto de 1967 a 19 de abril de 1969	Aries
20 de abril de 1969 a 2 de noviembre de 1970	Piscis
3 de noviembre de 1970 a 27 abril 1972	Acuario
28 de abril de 1972 a 27 de octubre de 1973	Capricornio
28 de octubre de 1973 a 10 de julio de 1975	Sagitario
11 de julio de 1975 a 7 de enero de 1977	Escorpio
8 de enero de 1977 a 5 de julio de 1978	Libra
6 de julio de 1978 a 12 de enero de 1980	Virgo

...continuará...

Si naciste entre estas dos fechas:	Tu punto de tikún es:
13 de enero de 1980 a 24 de septiembre de 1981	Leo
25 de septiembre de 1981 a 16 de marzo de 1983	Cáncer
17 de marzo de 1983 a 11 de septiembre de 1984	Géminis
12 de septiembre de 1984 a 6 de abril de 1986	Tauro
7 de abril de 1986 a 2 de diciembre de 1987	Aries
3 de diciembre de 1987 a 22 de mayo de 1989	Piscis
23 de mayo de 1989 a 18 de noviembre de 1990	Acuario
19 de noviembre de 1990 a 1 de agosto de 1992	Capricornio
2 de agosto de 1992 a 1 de febrero de 1994	Sagitario
2 de febrero de 1994 a 31 de julio de 1995	Escorpio
1 de agosto de 1995 a 25 de enero de 1997	Libra
26 de enero de 1997 a 20 de octubre de 1998	Virgo
21 de octubre de 1998 a 9 de abril de 2000	Leo
10 de abril de 2000 a 12 de octubre de 2001	Cáncer
13 de octubre de 2001 a 13 de abril de 2003	Géminis
14 de abril de 2003 a 25 de diciembre de 2004	Tauro
26 de diciembre de 2004 a 21 de junio de 2006	Aries
22 de junio de 2006 a 18 de diciembre de 2007	Piscis
19 de diciembre de 2007 a 21 de agosto de 2009	Acuario
22 de agosto de 2009 a 3 de marzo de 2011	Capricornio
4 de marzo de 2011 a 29 de agosto de 2012	Sagitario
30 de agosto de 2012 a 18 de febrero de 2014	Escorpio
19 de febrero de 2014 a 11 de noviembre de 2015	Libra
12 de noviembre de 2015 a 9 de mayo de 2017	Virgo
10 de mayo de 2017 a 6 de noviembre de 2018	Leo
7 de noviembre de 2018 a 4 de mayo de 2020	Cáncer
5 de mayo de 2020 a 18 de enero de 2022	Géminis

Ahora que sabes qué signo representa tu *tikún*, la siguiente información te ayudará a unir las piezas de tu rompecabezas. Como voy a centrarme en los temas que viniste a corregir en esta vida, puede parecer que esté describiendo tu vida anterior como si hubiera sido tremendamente negativa. No fue así. Todos tenemos rasgos para corregir; esto sólo es parte del *Deseo de recibir*. En el transcurso de esta vida, puede que hayas suavizado algunas de estas cualidades, o puede que todavía tengas algo de trabajo por hacer. Lo que explicamos a continuación es la raíz —la cualidad negativa— en la que puede que todavía estés trabajando. Por favor ten en cuenta que para una mayor simplicidad, he descrito esta raíz en su forma más potente y extrema.

SI TU *TIKÚN* (CORRECCIÓN) ESTÁ EN ARIES . . .

Un *tikún* en Aries te dice que en tu vida pasada exhibiste el comportamiento de un Libra. Fuiste colocado con frecuencia en el papel de mediador, pero tuviste problemas resolviendo conflictos. Tomar partido era difícil para ti porque significaba herir a alguien. En lugar de hacer una elección clara, elegiste unificar puntos de vista opuestos, y sufriste las consecuencias de tu indecisión.

Un *tikún* en Aries te apunta hacia una corrección en la que debes descubrir tu identidad, tus necesidades únicas y tus deseos individuales. **Busca la independencia y refuerza tu autoestima. Esto te ayudará a descubrir tu propia Luz y te**

permitirá volverte más proactivo en todas las áreas de tu vida. A lo largo de ese camino de corrección, puedes dejar de evitar conflictos y enfrentarte a cada situación tal como se desarrolla, sin necesitar la aprobación de los demás.

SI TU *TIKÚN* (CORRECCIÓN) ESTÁ EN TAURO . . .

Esta es una de las correcciones más difíciles de hacer porque Escorpio fue tu encarnación previa. En algún punto en esta vida o en una anterior, fuiste víctima de una injusticia deliberada; posiblemente fuiste robado o fuiste expulsado de tu casa. Como resultado, te enojas o sospechas con facilidad. Te aferras a tus posesiones cuando sientes, acertadamente o no, que alguien va a quitártelas. Antes que dejar que tus relaciones o tus posesiones caigan en manos de otros prefieres sabotearlas.

Vence a tu desconfianza y tu ira para evitar que repitas las situaciones que experimentaste siendo un Escorpio. Tu *tikún* te dirige hacia los aspectos positivos de la Luz de Tauro: una apreciación de la belleza y de los placeres de esta vida. Esta apreciación te permitirá expresarte sin miedo de perder tus posesiones. Si logras salir de los condicionamientos de Escorpio, puedes **transformar tu necesidad de gratificación en un auténtico don de la generosidad, lo cual te llevará hacia una corrección total: el amor divino.** Tu paz recién hallada apaciguará tu alma.

SI TU *TIKÚN* (CORRECCIÓN) ESTÁ EN GÉMINIS . . .

Solías tener las características de un Sagitario. Te comportabas de forma infantil, viviendo al día, guiado fundamentalmente por tus propios deseos y participando ampliamente del Pan de la Vergüenza. Casado o en una relación, te comportabas como si fueras soltero. Tu sed de conocimiento y estudio te llevó a descubrir nuevos horizontes, pero no pudiste comprometerte con ninguna causa que estuviera desconectada de tus propios intereses. Servir a otros y considerar sus necesidades parecía restringirte.

Pero *Recibir con el propósito de compartir* no restringe tu libertad, sino que la potencia. Al abrirte a las necesidades de otras personas en esta vida, vencerás los restos de egocentrismo que han minado tu capacidad para elevarte al siguiente nivel. Al comunicarte abiertamente, puedes experimentar una plenitud más profunda y recibir los beneficios que la Luz quiere compartir con todos nosotros. Para hacerlo, **compórtate con humildad y sé respetuoso con los que te rodean.**

SI TU *TIKÚN* (CORRECCIÓN) ESTÁ EN CÁNCER . . .

Cargas con el orgullo de tu encarnación previa como Capricornio, cuando estabas enfocado en la victoria, el honor y el respeto. Potenciar tu reputación y obtener la admiración de los demás era importante para ti. Eras rápido juzgando los errores de los demás. Pero aunque te veías como un guardián del orden moral, no lograste practicar la misericordia. Como resultado, perdiste amigos. Te perdiste los placeres de la vida —el hogar, la familia, la amistad— y llevaste una existencia aislada en tu propio universo secreto.

Tu *tikún* en Cáncer sugiere que abandones la idea de que las victorias profesionales, la importancia social y tu propia reputación son las claves de la felicidad. Esto es una ilusión. La felicidad duradera viene de la creación de un hogar cálido y lleno de amor. A lo largo de tu viaje, descubrirás un mundo que nunca conociste, un mundo lleno del asombro, la simplicidad y la espontaneidad de la infancia. Aprenderás a ser flexible y generoso. **Elevarás tu alma y descubrirás que tu camino hacia la Luz está en los ojos amorosos de tu familia y en tu dedicación y devoción a ese amor.**

SI TU *TIKÚN* (CORRECCIÓN) ESTÁ EN LEO . . .

Has traído contigo a esta vida tu vida anterior como Acuario. En tu vida anterior fuiste considerado una persona importante y única, y has traído a esta vida poder interior, creatividad y ambición. Sin embargo, no eras muy disciplinado y buscaste la originalidad a cualquier precio. Puesto que te gustaba romper las reglas, puede que los demás no te tomaran muy en serio. Las relaciones lo significaban todo para ti, pero tenías miedo de ser abandonado. Incluso toleraste abusos para poder mantener la cercanía, aunque sentías que dabas más de lo que recibías. Dejaste que las relaciones te abrumaran, y debido a esto no desarrollaste plenamente tu potencial espiritual.

Tu *tikún* en Leo te apunta a que abandones tu deseo de originalidad en favor de desarrollar tu capacidad para servir a la humanidad. Pero sigue este camino para ti mismo, no para ganarte la aprobación de los demás. Tu ambición te ayudará a encontrar una causa verdadera y noble a través de la cual puedas compartir tus dones con la humanidad. **Tu *tikún* sugiere que tendrás la oportunidad de liderar, siempre que lo hagas desinteresadamente. A medida que avances hacia la Luz, utiliza tu fuerza interior, tu creatividad y tu originalidad para revelar nuevas oportunidades de compartir.**

SI TU *TIKÚN* (CORRECCIÓN) ESTÁ EN VIRGO . . .

Tenías talento en las artes y puede que fueras un músico o un pintor de fama. Pero siendo el Piscis que una vez fuiste, estabas absorto en tus sueños y pagaste por tus reacciones emocionales. Te nutrías de historias tristes, y tuviste problemas a la hora de diferenciar entre lo correcto y lo incorrecto. A menudo dejabas que las cosas sucedieran, especialmente cuando te enfrentabas a obstáculos, y cuando las cosas no salían bien te hundías en la desgracia. A su vez, tu sensibilidad al dolor hizo difícil aliviarlo, lo cual pudo conducirte a las drogas o el alcohol. Puede que tu intuición te permitiera actuar por otras personas con la intención de ayudarles, pero no pudiste liberarte de tu interés propio. Muchos de tus actos bienintencionados se convirtieron en excusas para recibir la gratitud de los demás.

Para avanzar hacia la Luz, debes utilizar más la razón y menos la emoción a la hora de tomar decisiones. La autodisciplina y la determinación mantendrán tus pies en la tierra y te sacarán de las relaciones dependientes. Y lo más importante, deja de permitir que las cosas "te sucedan". Asume la responsabilidad por ti mismo. Aprende a decir lo que piensas, tanto para tu beneficio como para el de los demás. La reflexión será tu nueva herramienta para afrontar los problemas, pero la acción te pondrá en el camino hacia tu corrección. Si logras establecer valores en tu interior y sacas tu cabeza de las nubes emocionales, desviarás tu atención hacia la creación. **Tu nuevo lema debe ser "aquí y ahora". Esto te ayudará a aprovechar las oportunidades, a vencer obstáculos y a hacer que tus sueños se vuelvan realidad en el mundo real y más allá.**

SI TU *TIKÚN* (CORRECCIÓN) ESTÁ EN LIBRA . . .

En tu vida previa como un Aries, eras seguro de ti mismo. Pero tu orgullo te trajo decepciones, por lo que gastaste energía sin resultado. De hecho, aunque trabajaste duro, no lograste construir nada sólido. Hiciste de tus fracasos un gran drama, te enojaste y a menudo abordaste los problemas con rigidez. Esto te trajo frustración, que en tu vida presente provoca arrebatos que a menudo dejan perplejos a los que te rodean. Este tipo de comportamiento es dañino, y tienes problemas para mantener tus relaciones a largo plazo.

El *tikún* el Libra es una de las correcciones más difíciles porque significa que deberás tragarte tu orgullo en esta vida con el fin de corregir los errores de la anterior. Te apunta hacia el sacrificio en su sentido más elevado. Para liberarte de la frustración y elevar tu alma, dedícate a una causa más allá de ti mismo. En el pasado, tu ego sólo te permitió tener un círculo muy limitado de amigos, pero formar parte de un grupo mayor te ayudará a recuperar el equilibrio y la fuerza para abrirte a lo que los demás dicen. Esto suavizará tu personalidad, y llegarás a dominar mejor tu ira. En el matrimonio, tendrás una oportunidad para entender lo que es compartir de verdad y obtendrás fuerza interior al amar a alguien desinteresadamente. **A medida que entiendas que el éxito del grupo es más importante que el tuyo propio, conocerás la felicidad verdadera. A través del altruismo, puedes convertirte en una persona justa y avanzar hacia la Luz.**

SI TU *TIKÚN* (CORRECCIÓN) ESTÁ EN ESCORPIO . . .

En tu vida pasada fuiste un Tauro, el toro. Estabas enamorado de la belleza y la naturaleza, del placer físico y de lo material, más que del mundo espiritual. Sin embargo, estabas tan apegado a cierta forma de ver el mundo que eras reacio a cambiar. Eras posesivo y tenías miedo de perder tu comodidad, por lo que evitaste experiencias significativas. Tu vida era monótona. Te mantuviste confinado, por lo que no escuchaste ni aprendiste mucho de los demás.

Abandona las reglas que marcaron tu vida previa y deja espacio para que entre la espontaneidad. Esto te ayudará a ser consciente de las ilusiones que te desalentaban. Confía en que la Luz te protegerá. Inicialmente, tu comodidad y tu sensación de seguridad pueden verse amenazadas, pero con el tiempo te volverás más independiente. A medida que consideres a los demás en base a su valía como seres humanos, tus relaciones se volverán más profundas, especialmente si te conviertes en una persona capaz de sentir más empatía. **Al abandonar tu miedo a la pérdida, podrás aumentar tu capacidad para recibir, tanto espiritualmente como materialmente.**

SI TU *TIKÚN* (CORRECCIÓN) ESTÁ EN SAGITARIO . . .

Has mantenido la dualidad que caracterizó tu encarnación previa como Géminis, en la cual considerabas tu vida constantemente desde dos perspectivas, y por lo tanto vivías con incertidumbre. Tenías dificultades para establecer un curso de acción y mantenerte en él. Esta falta de enfoque minó tus esfuerzos por lograr el éxito profesional y también ralentizó tu evolución espiritual. Para ser aceptado en un grupo, bailaste al son que te pusieran, pero eso te acabó perjudicando y llevó a los demás a verte como una persona falsa.

Tu *tikún* en Sagitario te desafía para que definas tus objetivos y los logres. Asumir responsabilidades te proporciona oportunidades para establecer tus propias opiniones. Puedes girar tu espalda al pasado y confrontar la realidad. El puente de la lealtad te permitirá llevar a cabo esta transformación. De hecho, **estarás tan ávido de justicia que la integridad, la sinceridad y el rechazo a transigir se volverán fundamentales para tu progreso hacia la Luz.** Puedes encontrar tu propia identidad —la autenticidad estará en la esencia de tu compromiso—y descubrir tu verdadera misión en la tierra: compartir tu sabiduría y revelar la verdad.

SI TU *TIKÚN* (CORRECCIÓN) ESTÁ EN CAPRICORNIO . . .

Las dudas heredadas de tu vida anterior como Cáncer pueden ser una carga para ti. Tras haber soportado la influencia de Cáncer, puedes sufrir de ansiedad. A lo largo de tu vida anterior lograste esconder tus problemas o aceptar la dirección de los demás. Pero al hacerlo, no asumiste la responsabilidad. Como consecuencia, eres un conformista. Puede que no te hayas abierto a las posibilidades del mundo exterior. Al vivir solo y confiar en los bienes materiales para lograr una sensación de seguridad, evitaste conectar con personas o con ideas. Debido a tu baja autoestima, limitaste tus experiencias y te obligaste a permanecer cerca de tu familia, en particular de tus padres, pero luego los culpaste por tus debilidades.

Una corrección en Capricornio te enseñará a madurar. Cortarás el cordón umbilical con la familia. Aceptarás tus responsabilidades y también buscarás algunas nuevas para disipar tu ansiedad, permitiendo así probar los placeres de asumir riesgos. Disfrutarás comprometiéndote sin reflexión previa. **Identifica una causa que valga la pena y podrás extraer de tu fuerza interna para enfrentarte a los obstáculos. Obtendrás dominio y una buena disposición para lograr tu misión espiritual en la vida a medida que eleves tu alma y avances hacia la Luz.**

SI TU *TIKÚN* (CORRECCIÓN) ESTÁ EN ACUARIO . . .

Eres un monarca que regresa al mundo físico para corregir el orgullo que queda de tu encarnación previa como Leo, cuando eras el centro de atención. Amabas los lujos; como resultado, ahora te costará estar sin ellos. Al principio de tu encarnación presente, todavía buscarás la admiración a la que estabas acostumbrado. Sabías cómo explotar tu poder para controlar a tus súbditos. Tu forma de expresar la necesidad de amor y gratitud era poniéndote en el centro del universo. Pero al vivir en este mundo artificial, fue difícil para ti encontrar un camino espiritual, y vencer tu orgullo será dificultoso, puesto que fue fortalecido en encarnaciones previas.

Un *tikún* en Acuario puede producir obstáculos en tus relaciones. En el matrimonio, debes abandonar tus propios deseos e intercambiar independencia por interdependencia. Debes reconocer que todos somos iguales. Si dejas ir el honor y el *glamour*, lograrás tomar el control de tu vida personal y de tu evolución espiritual. Sólo entonces podrás conocer la amistad verdadera y la fraternidad universal, y avanzar hacia la Luz. **Puedes experimentar una aventura excepcional en la historia**

de la humanidad si logras llevar a cabo la restricción más difícil: silenciar a tu ego y practicar la humildad mientras vives una vida sencilla.

SI TU *TIKÚN* (CORRECCIÓN) ESTÁ EN PISCIS . . .

Tu vida previa como un Virgo te dejó con dificultades para desapegarte de la lógica. Fuiste absorbido por racionalizaciones que, aunque eran correctas en un principio, finalmente se volvieron insatisfactorias porque sólo veías el lado físico de la realidad. Tu preocupación por los detalles te convirtió en una persona maniática. Perdiste espontaneidad, compartimentando y etiquetando de acuerdo a un conjunto de reglas. Este comportamiento de Virgo también te llevó a tener dificultades en tu vida sexual. Tu reticencia a involucrarte emocionalmente, unida a tu ansiedad por ser capaz de controlar una relación, te llevó a evitar arrebatos emocionales de ningún tipo. Inflexible en tu manera de pensar, te costó mucho escuchar y aprender de los demás.

Un *tikún* en Piscis sugiere que debes intentar no percibir la esencia de la verdad a través de tus sentidos; la Luz es el origen de todo lo físico. Abandonar tu necesidad de explicaciones lógicas te permitirá borrar las dudas que te han molestado. En un nivel más espiritual, puedes experimentar emociones que te ayudarán a cambiar tu percepción de los demás, y descubrirás que al juzgarlos menos, te ofrecerán más. Esto encenderá en ti un amor por tu prójimo y fortalecerá tu compasión. **Actuar en el momento para servir a un propósito universal en el cual tienes fe, es la clave para que logres un verdadero renacimiento y alcances una conciencia universal.**

Herramientas

Revelando los secretos ocultos en el rostro y las palmas de las manos

La lectura del rostro y las palmas de las manos son artes ancestrales. El Creador le dio este conocimiento a Adán. De Adán pasó a Moisés, de Moisés al rey Salomón, y luego a Rav Shimón bar Yojái, el autor del *Zóhar*. En tiempos más recientes, pasó a Rav Isaac Luria (el Arí).

La lectura del rostro y las palmas de las manos no es una forma de juzgar o encasillar a otras personas. Más bien es una forma de entender nuestro propio *tikún*, nuestro propio proceso, a medida que trabajamos para regresar a la Luz. Una vez que reconocemos la fuente de las señales negativas de una vida previa, podemos hacer una corrección, elevando así nuestra alma al siguiente nivel.

Los rasgos que están listados más abajo nos muestran que trajimos información de nuestras vidas pasadas a esta vida. Aunque estos rasgos representan una predisposición de nacimiento, no son necesariamente un reflejo de dónde estamos en la actualidad. Por ejemplo, nuestros rasgos pueden revelar cualidades que parezcan duras, pero puede ser que las hayamos superado en esta vida. Abraham Lincoln es un claro ejemplo. Tenía un rostro amenazante, asimétrico, pero superó todos sus defectos en esta vida y actuó por la mejora de la humanidad. Por otro lado, puede que tengamos rasgos que indiquen una naturaleza amable, lo cual puede querer decir simplemente que hemos venido a esta vida para desarrollar la capacidad de discernir, hacer juicios positivos, poner límites y cultivar ciertas habilidades de liderazgo.

Al leer la siguiente lista, es importante que no te juzgues a ti mismo ni a los demás desde un punto de vista tradicional, especialmente porque no estás viendo el cuadro completo. Si algo nos muestran estas cualidades es que no podemos juzgar un libro por su cubierta. Por ejemplo, lo que nuestra sociedad considera rasgos poco atractivos —una nariz grande, un hueco entre los dientes, orejas grandes y carnosas— son signos kabbalísticos de una gran riqueza.

Así pues, por favor, utiliza esta sabiduría con prudencia. No vincules una connotación negativa a signos como la agresividad o connotaciones positivas a signos como la amabilidad. Simplemente son descripciones. De hecho, en algunos casos, el comportamiento agresivo puede ser un rasgo muy necesario, mientras que la amabilidad puede ser una debilidad.

Además, cada rasgo debe ser considerado como parte del todo. Nos dan una foto instantánea de todo con lo que vinimos a esta vida: el nivel de la semilla de nuestro *tikún.* ¿Por qué lo llamamos "lectura del rostro y de las palmas de la mano"?. Porque para una lectura más completa observamos tanto nuestros rostros como las palmas de nuestras manos. Es interesante y cósmicamente poético a la vez, que lo que transmiten las palmas encaje siempre con lo que vemos en nuestro rostro, aunque algunos rasgos que encontramos en las palmas no se expresan en el rostro, y viceversa. Por ejemplo, podemos ver en nuestro rostro elementos positivos relacionados con los negocios, mientras que en nuestras palmas podemos encontrar rasgos negativos conectados con las relaciones o la salud, pero nunca encontraremos una discrepancia entre ambos:

nuestro rostro nunca nos dirá algo que sea contradicho por nuestras palmas.

Analicemos primero los rasgos faciales. Estas son algunas cosas sobre las cuales reflexionar cuando utilizamos la lectura de rostro como herramienta. El mejor momento de observar tu propio rostro es cuando estás relajado. La tristeza y el enojo crean su propia energía, lo cual distorsiona la percepción. Además, los rasgos faciales y las líneas muy marcados representan poder y fuerza, mientras que los rasgos menos definidos indican una pérdida de energía.

LA LECTURA DEL ROSTRO

A lo largo de este libro he hablado de cómo la conciencia sobre la reencarnación nos ayuda a completar el trabajo que nuestra alma vino a realizar a este mundo. En nuestra apariencia pueden encontrarse pistas importantes sobre nuestras encarnaciones pasadas y nuestro *tikún.* Algunas arrugas particulares en nuestra frente —si nuestros labios son gruesos o delgados; si nuestros lóbulos de la oreja son carnosos o finos; si nuestros ojos están más juntos o más separados— son todas proyecciones de nuestra alma de una vida anterior. La lectura del rostro nos da algunas herramientas para reconocer el significado de estos signos, lo cual nos ayuda a colocar las piezas de nuestro rompecabezas. Sin el conocimiento revelado por nuestras características faciales, puede que nos perdamos grandes oportunidades en esta vida.

El conocimiento de la lectura del rostro nos ayuda a reconocer nuestros propios defectos y a elevar nuestra alma. Por ejemplo, si nuestros rasgos muestran que tuvimos poca confianza en nosotros mismos en nuestra vida anterior, hoy necesitaremos trabajar para desarrollar maneras de ser más asertivos y de comportarnos con más respeto y consideración hacia nuestro bienestar emocional y espiritual. Cuando lo hagamos, disfrutaremos de una mayor capacidad para compartir con los demás, ganando impulso en el camino para perfeccionar nuestra alma.

Textura del cabello

- Brillante – Éxito en el terreno físico: riqueza material, un líder, político, de agrado de la comunidad.
- Apagado – Menos éxito.
- Denso – Tiene vitalidad.
- Delgado – Falta de vitalidad.
- Grueso – Potencial de ser agresivo.

- Muy alborotado – Potencial para enojarse.
    - Puede que se ofendiera rápidamente.
    - Potencial de sentirse atraído hacia acciones negativas.

  - Facilidad para juzgar a otros.
  - Falto de decencia.
  - Se inclina hacia la deshonestidad, la crueldad o la impulsividad.

- Ondulado/rizado – Equilibrio entre ser demasiado amable y demasiado duro.
  - Disposición a la calma.
  - Seguro de si mismo.
  - Equilibrado y en control siempre que no busque sólo el éxito material.

- Liso – Naturaleza calmada y relajada.
  - No se molesta fácilmente

Color del cabello (Combina estas cualidades del color del cabello con la textura del cabello para tener una idea más precisa)

- Rojo
  - Tendencia hacia la excitabilidad.
  - Potencial para ser fiero si le provocan; potencial para estallar y pelear.
  - Puede ser energético.
  - Mente activa: rápido en los pensamientos y en el habla.
- Rubio
  - Facilidad para volverse espiritual.
  - Tranquilo, pacífico, estable.
  - Práctico, directo al punto.
  - Nota: el cabello rubio suaviza los rasgos más negativos asociados con la textura y el nacimiento del pelo.
- Negro o marrón
  - Alegría en la vida, entusiasmo, energía positiva.
  - Energía apasionada que surge del interior.
  - Éxito en el mundo físico, pero también en el mundo espiritual si lo intenta.

- Blanco
  - Disminución de la pasión de juventud: menos empuje para ganar, menos impulso de hacer locuras que cuando era joven.
  - Más amabilidad, suavidad.

Nacimiento del cabello

- Pico de viuda (con forma de corazón) – carácter muy romántico.

- Calvicie en la parte frontal (antes de la edad de 30 años) – cierto nivel de deshonestidad, falta de integridad, no hizo lo que predicaba.
- Calvicie en la parte trasera – tendencia a chismorrear.
- Nota: El cabello muy alborotado, grueso y/o encrespado añade más equilibrio y compasión a cualquiera de los rasgos anteriores. El cabello suave y liso combinado con calvicie parcial añade un aspecto de ser un pillo.

Frente

- Grande, ancha, saliente
    - Inteligencia, buena memoria.

  - Éxito en cualquier proyecto.
  - Capacidad para ver el cuadro completo y prever las cosas.
  - Sensible, indiferente a los pequeños detalles.
  - No es percibida como una persona simple o humilde.

- Redonda
  - Sabio, espiritual.
  - Los negocios no son una prioridad.
  - Rápido, logra cosas con rapidez.

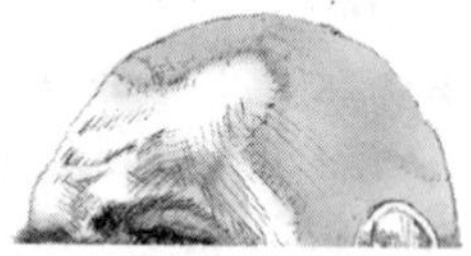

- Plana
  - Juicioso, falta de tolerancia.
  - Vengativo.

Líneas de la frente: la forma en la que nos comportamos en nuestras vidas pasadas puede aparecer en las líneas de nuestra frente. Aun así, podemos ser conscientes de nuestras tendencias y controlarlas. Moisés tenía rasgos que podían ser vistos como negativos, pero él no los manifestó. Tenía tres líneas rectas en su frente, lo cual significa que controlaba sus defectos.

- Tres líneas rectas – se comportaba con integridad, honestidad.
  - a) se comportó de una forma decente (no avergonzó a los demás o intentó humillar a otras personas).
  - b) confiaba en que había una visión más amplia.
  - c) puso su confianza en la Luz.
- Dos líneas rectas – una de las buenas cualidades de las tres líneas rectas todavía no está perfeccionada.
- Una línea recta – dos de las buenas cualidades de las tres líneas rectas todavía no están perfeccionadas.

- Línea rota o discontinua – tus acciones no manifestaron los rasgos buenos de tu cara; para reconectar las líneas debes poner más esfuerzo en la vida, permitiendo que los rasgos buenos (potenciales) se manifiesten.

Cejas

- Rectas – honesto, leal, trabajador, responsable.

- Arqueadas – artístico, amante de la belleza pero quizá no tan práctico.

- Gruesas – asertivo, autoritario, controlador.

- Gruesas y alborotadas – pensador poco convencional, genio o loco.

- Mucho espacio entre las cejas – tenaz, poderoso, capacidad para perseverar.

- Cejas conectadas – enojado, orgulloso, arrogante, intolerante, grosero.

- Cejas blancas – La forma en que se manifiesta el rasgo depende del color del pelo de la cabeza.
    - Pelo de la cabeza blanco – ver la descripción para el cabello blanco más arriba.
    - Cabello negro o rojo – hubo una desconexión:

parecía ser una persona amable pero en realidad era más negativa, un tramposo o un estafador.

Posición y forma de los ojos

- Ojos salidos
    - Adúltero, tuvo tendencia a un interés sexual exagerado y necesita restringir esta tendencia en esta vida.
    - Arrogante, demandaba respeto.
    - Se auto alababa, hablaba sobre sus logros con orgullo, compartía pero sólo por sus propios intereses.

- Ojos cruzados
    - Mentiroso.
    - Se presentaba como una persona amable, discreta, aunque no era el caso, con el fin de aprovecharse de los demás.
    - Egocéntrico, egoísta.
    - Tuvo el mal de ojo.
    - Absorbía energía de los demás.

- Ojos hundidos
  - Astuto, deshonesto, un pillo especialmente cuando se trata de las finanzas y los negocios.
  - Intenciones ocultas a los demás.
  - Perseguía dinero, si no sexo.

- Ojos muy juntos
  - Crítico y analítico, orientado al detalle.
  - Pesimista.
  - Obstinado, no dispuesto a cambiar.

- Ojos estrechos
  - Personalidad cerrada y con tendencia a sospechar.
  - Codiciaba lo que tenían los demás.

Pestañas

- Pestañas grandes, gruesas y largas – sensible, emocional.

- Pestañas delgadas, cortas – menos sensible y emocional.

Color de los ojos

- Verde
  - Feliz y lleno de alegría.
  - Siempre pensando.
  - Virtuoso y compasivo, con amistades fuertes.
  - Tuvo riqueza y estatus.
  - Muy exitoso espiritualmente.
- Azul/gris (ojos claros y brillantes)
  - Tenía gracia, compasión y una naturaleza de compartir.
  - Espiritual.
- Negros o marrones y chispeantes
  - Feliz, generoso, amoroso, cálido y amable.
- Negros o marrones oscuros y amenazadores
  - Negativo: poseído por el mal de ojo, tendencia a los celos.
  - Puede causar enfermedad a otras personas.
  - Tomaba sin dar.

- Rojo/inyectados en sangre/venas en las esquinas
  - Si no fuera por razones médicas podría haber sido un asesino.
  - Si era espiritual, un cirujano.
  - Adúltero, obsesionado con el sexo.

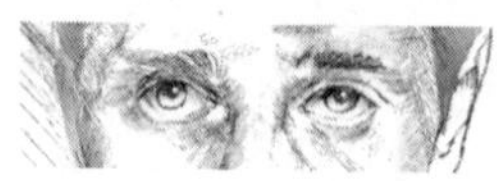

- Blanco debajo del iris, por encima de las pestañas inferiores
  - Inquieto.
  - Poco confiable.
  - Se aprovechó de los demás sin sentir arrepentimiento.
- Amarillo en el blanco de los ojos
  - Arrogante y egoísta.
  - Se esforzó por enfatizar un sentimiento de engreimiento.
  - Hablaba sin sentido.
- Blanco visible alrededor de todo el iris
  - Demostró una naturaleza de compartir.
  - Mostró compasión y misericordia.

Orejas: tamaño y forma

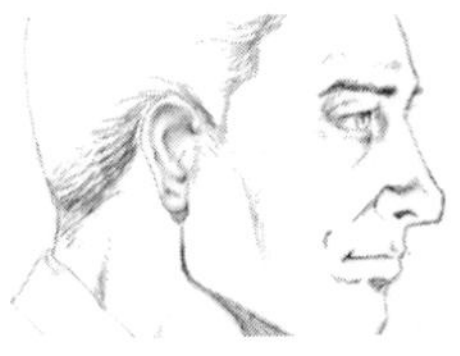

- Pequeñas
    - Muy sabio e inteligente, rápido en los estudios.
    - Exitoso.
    - Muy dispuesto a escuchar, compasivo.
    - Siempre veía lo positivo en las personas y las situaciones.
    - Su éxito dependía de si estaba dispuesto a escuchar a los demás, en lugar de confiar en su propia inteligencia.

- Grandes
    - Aprendía con lentitud y con una pronunciada curva de aprendizaje.
    - Tendía a consultar y escuchar a los demás.
    - No se veía a sí mismo como inteligente.
    - Bueno en los negocios y la política.
    - Espiritual.

- Lóbulo

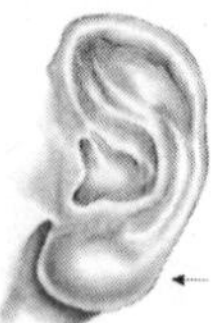

- Carnoso y que cuelga separado de la mejilla.
  - Decidido, vida bien organizada.
  - Intelectual.
  - Capacidad para el liderazgo.
  - Carácter formal más orientado a los negocios y menos a lo artístico.

- Pequeño y conectado a la mejilla
  - Brevemente exitoso.
  - No sabía como preservar el dinero.

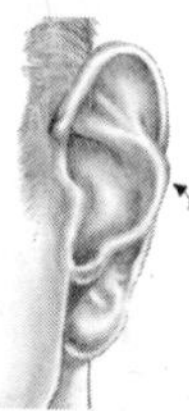

- La parte interna de la oreja sobresale
  - Aventurero, atrevido, llevó una vida colorida.
  - Amaba hablar y expresarse.
  - Hacía las cosas de forma distinta a los demás.
  - Hacía las cosas a su manera.

Forma de la nariz

- Larga y afilada, puntiaguda
  - No confiaba en nadie, tendencia a los celos.
  - Inseguro sobre la vida, por lo cual era entrometido y examinaba la vida de los demás, hablaba de los demás.
  - Codiciaba las cosas de los demás.
  - Conservador, aburrido, pasado de moda.
  - Impaciente con las debilidades de los demás.

- Grande y carnosa
  - Codicioso, ambicioso, insatisfecho con menos.
  - Talento para hacer dinero, emprendedor, intuitivo para detectar el potencial de las oportunidades de negocio.
  - Nota: si sólo la punta de la nariz es redondeada y carnosa, el éxito vino más tarde en la vida (entre la edad de 45 y 52 años).
  - Diplomático, líder militar.

- En forma de gancho
    - Compartía los rasgos de la nariz grande y carnosa, pero con una tendencia a ser más espiritual.

- Torcida
    - Tendencia a ser deshonesto. Encontró muchas formas de engañar a través de sus palabras y su comportamiento, y sus engaños no se limitaron a los tratos de negocios.

Posición y forma de la barbilla

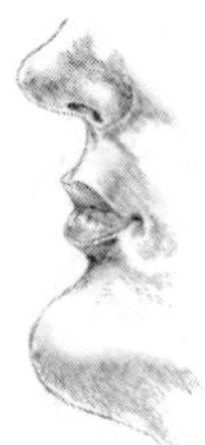

- Saliente, cuadrada o grande
    - Gran vitalidad.
    - Con fuerza de voluntad, decidido.
    - Perseveraba cuando los demás se cansaban.
    - Autoritario, líder responsable.

- Retraída
    - Falta de confianza en sí mismo.
    - Carácter débil.
    - Necesitaba apoyo y ánimos constantes.

- Afilada y puntiaguda
    - Tendencia a la queja.

Boca

- Estrecha (más pequeña que la anchura de los ojos)
  - Crítico, reservado, cauteloso.
  - No le gustaba hablar, introvertido, tendencia a ser un lobo solitario.
  - No confiaba en los demás ni le gustaba estar acompañado.

- Ancha
  - Abierto y cordial.
  - Amaba a las personas y la compañía.
  - Generoso, se esforzaba por compartir, ayudador.
  - Muy hablador.

Labios

- Gruesos
  - Decía mentiras, hablaba mal de la gente; le gustaba

el chismorreo.
    - Poco modesto.
    - Insolente y poco respetuoso.

- Delgados
    - Cruel e insensible

- Mustios y arrugados
    - Tendencia a utilizar palabras negativas.
    - Enojado, de mal genio.
    - Bufón.
    - Sabelotodo.

- Labios seductores
    - Dulce, amable, cariñoso.
    - Simpático, apreciativo, considerado, atento, se ocupaba de los demás.
    - (Si era un hombre) Permaneció soltero o se casó tarde para poder traer riqueza o un hogar al matrimonio.

- (Si era una mujer) Leal, de voz suave, cálida, maternal; se casó pronto; quería ser madre; culta y creativa.

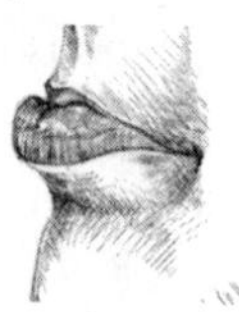

- Labio inferior saliente
  - Demandaba reconocimiento para beneficio del ego.
  - Intransigente, polémico, competitivo.
  - Brutal, cruel, despiadado.

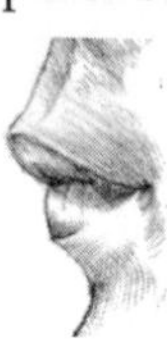

- Labio superior saliente
  - Sensible y amable.
  - Leal.

Forma de la cara

- Redonda con barbilla redonda, ojos grandes, boca pequeña, labios carnosos.
  - Amistoso, simpático, le gustaba reír.
  - Postergaba las cosas, buscaba dinero fácil y una vida

fácil, no quería trabajar duro.
  - Tenía hábitos adictivos, le gustaba lo familiar.
  - Dependiente, falta de seguridad en sí mismo y de personalidad, demandante.
  - De poca confianza.

- Cuadrada con barbilla saliente, cejas gruesas, nariz recta, pómulos elevados.
  - Decidido, perseverante, paciente, estable, práctico.
  - Obstinado, con mente cerrada, fijo y limitado en su pensamiento.
  - Posiblemente agresivo, impulsivo y cruel.

- Triangular con barbilla puntiaguda y frente ancha
  - Intelectual, cerebral.
  - Convincente y persuasivo, buen orador, buen

vendedor.
- Amistoso pero evasivo.

- Rectangular con frente ancha y alta, cejas arqueadas, ojos grandes y nítidos, nariz grande, orejas pegadas a la cabeza, piel suave, tersa y delicada
  - Honesto, moral, concienzudo.
  - Energético.
  - Idealista, optimista.
  - Practicaba lo que predicaba.

- Oval: apariencia como un huevo estirado
  - Amable, sensible, con mucho tacto, paciente.
  - Romántico.
  - Con un enfoque positivo de la vida.
  - Diplomático, gran negociador.

- Piramidal: lo opuesto a una cara triangular con frente estrecha, mandíbula ancha, orejas salientes y pelo grueso y ondulado.
    - Agresivo, enojado, desleal, violento.
    - Perdía fácilmente el control, impaciente.
    - Arrogante.
    - Inmoral.
    - Atlético.

- Cuello corto, nariz corta
    - Negativo y enojado.
    - Obstinado.
    - Falto de compasión.

Color de la complexión

- Amarillo o blanco enfermizo (no por enfermedad) con mejillas hundidas
    - Poco amigable, solitario, amargado.
    - Conservador con el dinero.
    - De humor cambiante o depresivo.
- Rojo
    - Energético, entusiasta, activo.
    - Capaz de inspirar y entusiasmar a los demás.

LECTURA DE LAS PALMAS DE LAS MANOS

Los orígenes de la quiromancia o *hast rekhá* se remontan a la antigua Grecia. Aristóteles, un estudiante de Platón, quien se cree que estudió la Kabbalah, afirmó que "Las líneas no están escritas en la mano humana sin motivo. Provienen de influencias celestiales y de la propia individualidad del hombre". (*De Caelo*— En los cielos).

Aristóteles, Hipócrates y Alejandro el Grande popularizaron las leyes y la práctica de la quiromancia.

Leer palmas implica evaluar la mano como un todo, así como los dedos, las uñas y las líneas individuales de la mano.

Manos: Flexibilidad

- Manos rígidas o duras: difíciles de abrir y cerrar/inflexibles

    - Sólo vio las cosas a su manera.
    - Cerrado emocionalmente e intelectualmente, reticente al cambio y a ideas nuevas.
    - Disfrutaba trabajando.

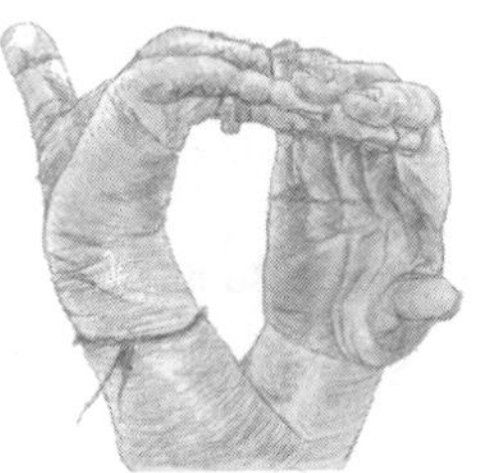

Manos flexibles

- Manos suaves, tiernas, flexibles
    - Le gustaba la naturalidad (sin maquillaje, zapatos o ropas extravagantes, etc.)
    - Vivía en su imaginación.
    - Amaba la vida fácil y las cosas agradables, pero era incapaz de trabajar para conseguirlas.
    - Hablaba mucho, hacía poco.
    - Muy flexible, adaptable.

Dedos: Junto con otros aspectos de la mano, los dedos son indicadores de la dirección de nuestro destino. Las características a considerar son: la longitud de los dedos, dónde se tocan y se encuentran en relación a los otros dedos.

...continuará...

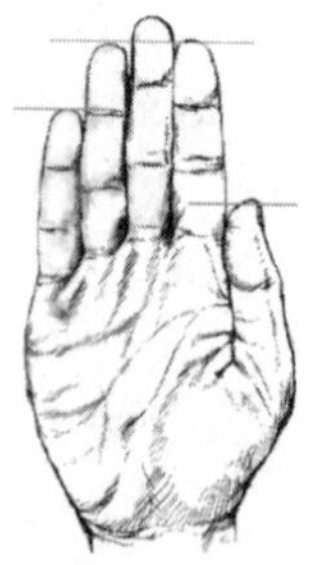

Largo promedio de los dedos

- Longitud (en relación al tamaño de la palma de la mano)

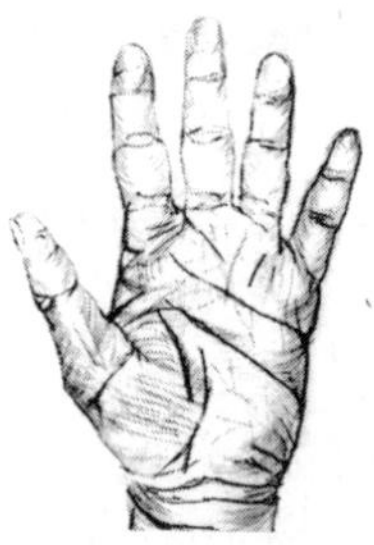

Dedos cortos

- Dedos cortos
  - Práctico, bueno con los detalles, organizado.
  - Amaba lo físico.
  - Trabajador, amaba trabajar, con resistencia física.
  - Pensador rápido, impulsivo, tendía a llegar a conclusiones precipitadas.
  - Un poco insensible.

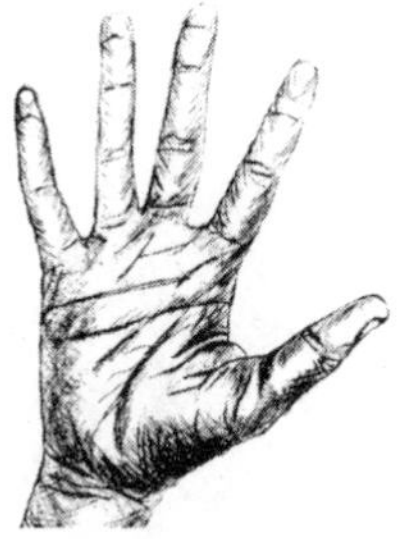

Dedos largos

- Dedos largos
  - Vivía en un mundo imaginario creado por él mismo.
  - Necesitaba ánimo y apoyo todo el tiempo.

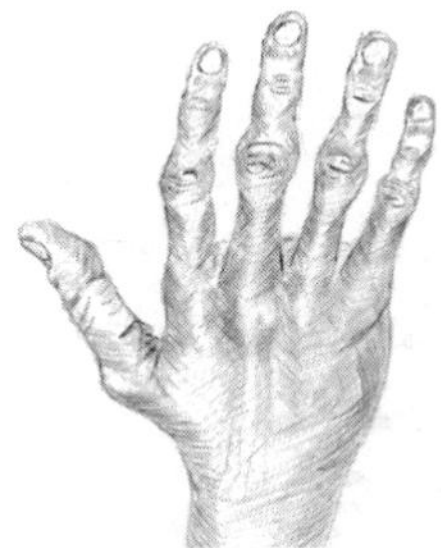

Nudillos prominentes

- Nudillos – articulaciones salientes
  - Amaba los detalles, muy preciso, meticuloso, lógico.
  - Estricto.
  - Examinaba e investigaba las cosas.
  - Monótono y aburrido.

El dedo gordo o pulgar: el dedo más dominante

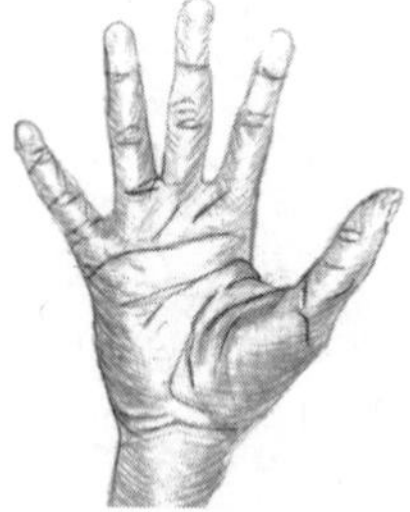

Dedo gordo largo

- Grande y largo
  - Capacidad para el liderazgo.
  - Capacidad para ver el cuadro completo.

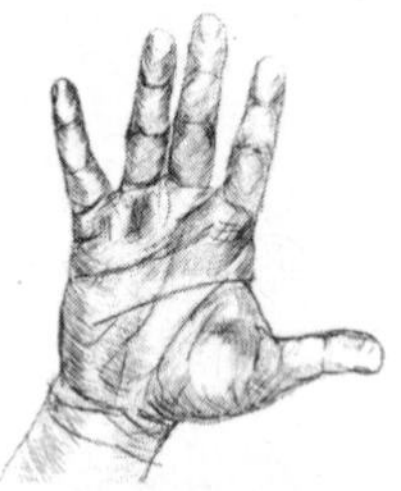

Dedo gordo corto

- Pequeño y corto
  - Carácter débil, conciencia sumisa.
  - Le faltaba pasión.
  - No asumía riesgos.

- Cierto grado de rigidez

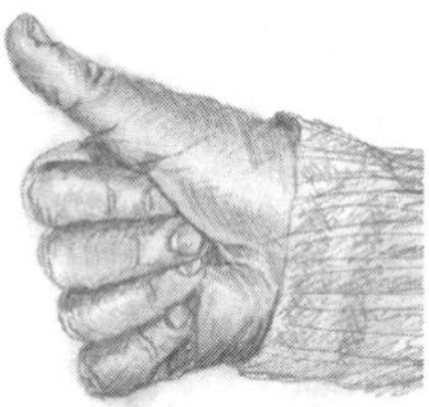

Dedo gordo rígido

- El dedo gordo es rígido, no se dobla hacia atrás: obstinado, con fuerza de voluntad, desconfiado, dogmático, enjuiciador.

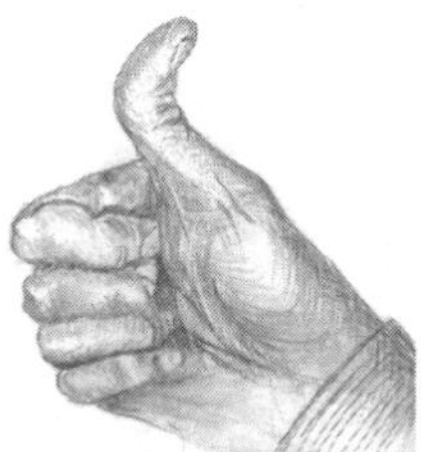

Dedo gordo flexible

- El dedo gordo es demasiado flexible (se dobla al máximo hacia atrás): poca valoración de sí mismo, personalidad insípida, autoestima baja.
- El dedo gordo se dobla hacia atrás pero no al máximo: flexible, bien ajustado, capaz de equilibrar los extremos.

Dedo índice: representa y refleja el ego, la autoestima, la capacidad de liderazgo

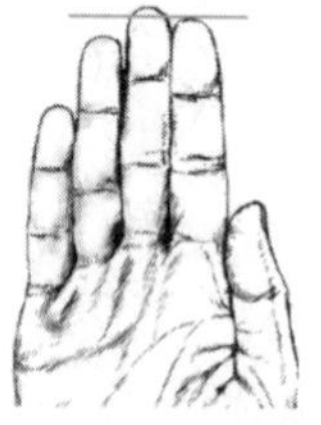

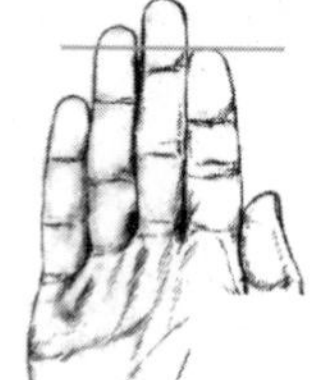

Dedo índice largo Dedo índice corto

- Largo (la punta del dedo sobrepasa punto medio del dedo corazón, más allá del pliegue): fue un líder.
- Muy largo (el dedo es más largo o tiene casi la misma longitud que el dedo corazón): puede que fueras un controlador obsesivo
- Corto (alineado con el dedo corazón por debajo del punto medio): baja autoestima, tendía a ser un seguidor y tuvo más dificultades que las habituales para realzarse.

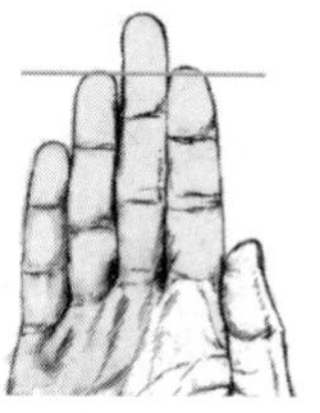

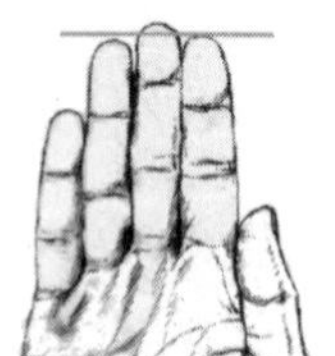

Dedo medio largo Dedo medio corto

Dedo corazón (dedo del medio): Relacionado con la idea de trabajar duro. Cuando otros aspectos de la palma como las líneas y los montículos conectan con este dedo, indica que trabajar duro fue clave para tu destino. Tu karma es que todo aquello que recibas en esta vida provenga del trabajar duramente, no de la suerte.

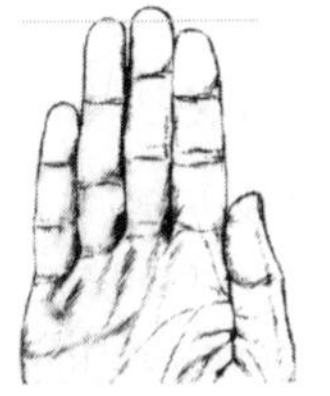

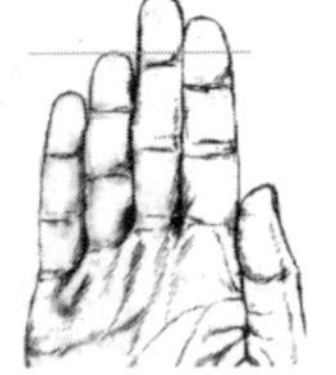

Dedo anular largo **Dedo anular corto**

Dedo anular: Significa habilidad artística, creatividad. Talentos artísticos (poesía, música, bellas artes) son dones de una vida anterior. Si te inclinaste hacia la ingeniería, pudiste haber sido un arquitecto. Un dedo anular (largo y la punta por encima del punto medio del dedo corazón) indica que eras más artístico en tu vida pasada. Si es más corto, eras menos creativo.

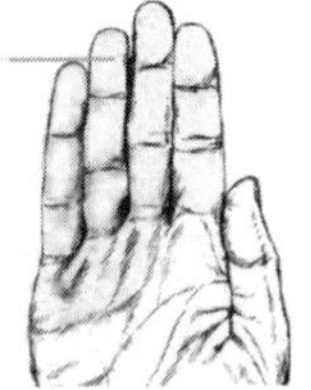

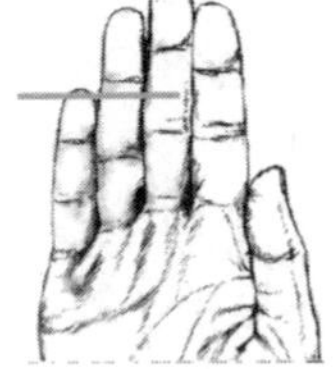

Dedo meñique largo **Dedo meñique corto**

Dedo meñique: Indicador de la comunicación y las relaciones. La mayoría de dedos meñique tocan el pliegue del dedo anular. Si el meñique acaba por encima de esta línea, eras más abierto y comunicativo; si acaba por abajo, eras más reservado y menos comunicativo

Uñas: Indican la calidad de tu salud en tu vida anterior; y si estuviste o no inclinado de forma natural a crear riqueza. La vitalidad viene contigo de una vida pasada. Si hiciste algo meritorio en una vida pasada, no necesitas sufrir de mala salud en esta vida.

- Color
  - Suave y rosa: equilibrio y buena salud.
  - Azul: mala circulación sanguínea.
  - Amarillo: posible problema hepático.
  - Cualquier otro color extraño: predisposición a tener problemas de salud relacionados con el hígado o el bazo.
- Los puntos blancos indican que algo bueno va a suceder o que algo negativo va a evitarse. El punto blanco tarda unos dos meses en viajar hasta la punta de la uña. Cuando el punto llega a ese lugar, la buena noticia se manifestará antes de cortar la uña.
  - Punto en una uña de la mano derecha: recibirás buenas noticias relacionadas con el significado del dedo correspondiente. Por ejemplo, un punto blanco que aparece en el dedo meñique de la mano derecha podría significar que tendrás buenas noticias en el área de las relaciones (quizá se esté gestando una nueva relación).
  - Punto en una uña de la mano izquierda: recibirás buenas noticias relacionadas con ser protegido o salvado de algo malo. Por ejemplo, podrías recibir un resultado positivo de una prueba relacionada con alguna enfermedad.
- Los surcos revelan algún problema de salud específicamente relacionado con la digestión o algún órgano interno.

Montículos: Los montículos en la base de los dedos pueden ser grandes o pequeños. La apariencia del montículo determina la fuerza del rasgo gobernado por el dedo con el cual el montículo está asociado. Por ejemplo, cuanto mayor es el montículo, más fuerte es el carácter, la personalidad, la creatividad o la sensibilidad.

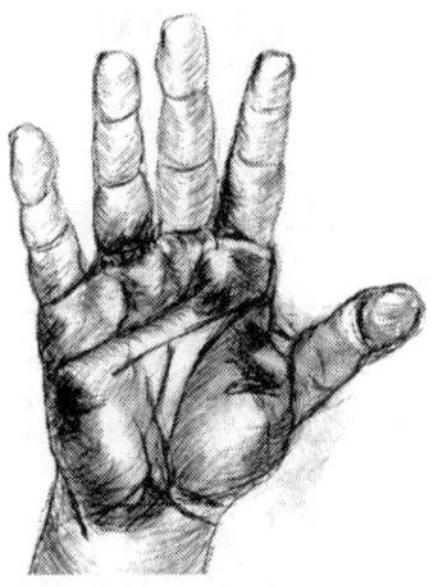

- Los montículos duros, grandes y más elevados intensifican los atributos del dedo bajo el cual se encuentran, haciendo que los atributos sean más poderosos y efectivos.

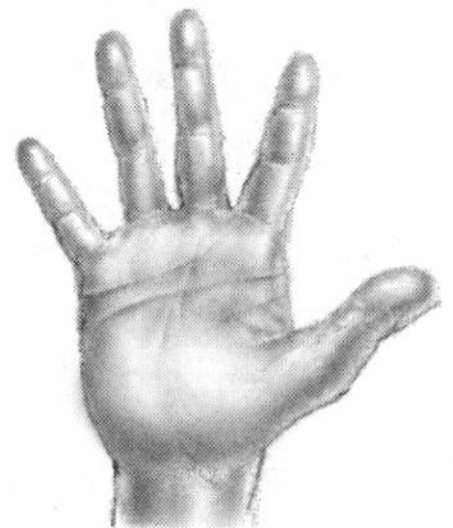

Palma plana

- Por otro lado, los montículos pequeños (planos), muestran que tuviste buenas intenciones pero no las manifestaste; permaneciste en un estado potencial.

...continuará...

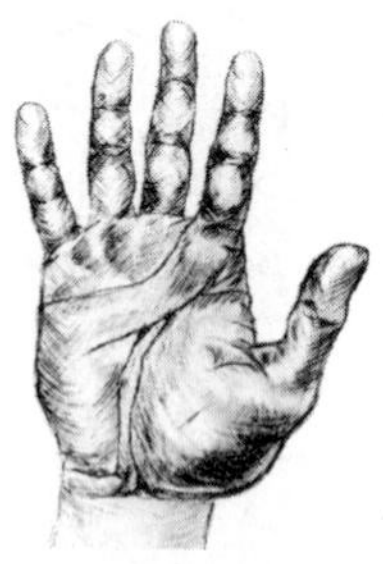

Montículo grande debajo del pulgar

- El montículo debajo del pulgar conecta con la sexualidad, la sensualidad y la calidez.

Características de las líneas de las palmas de las manos: la apariencia de las líneas indica su efectividad. Es importante mencionar que la mano activa (la mano que usamos para escribir) es más importante y nos enseña la presente vida. La mano pasiva muestra la vida pasada y el potencial de esta vida.

- Líneas más profundas, más definidas y claras indican que existe un rasgo con mayor intensidad. Una línea fuerte y definida significa que la calidad de esa característica fue potente en tu vida pasada.

- Las líneas más superficiales o rotas que aparecen como una cadena o grietas muy finas (formadas por muchas líneas pequeñas o cruzadas) muestran que esos rasgos eran menos intensos en ti.

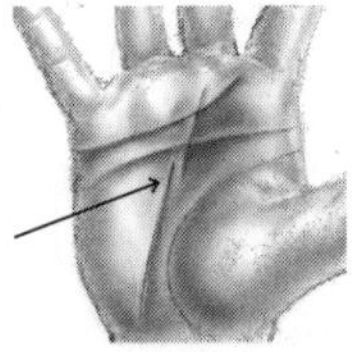

Línea de la profesión rota

- Si la línea está rota, creando un espacio entre el punto de rotura y la continuación de la línea, significa que algo malo sucedió en ese punto de tu encarnación previa.

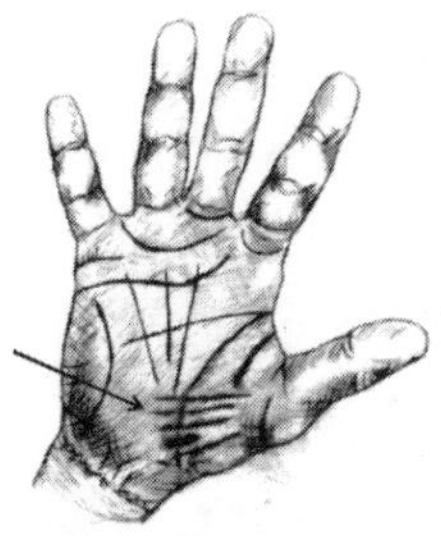

Se rompe en la línea de la vida

- Si hay un corte (que no se solapa sino que la línea cruza otra línea) significa que experimentaste caos y bloqueos en esta área de tu vida.

Las cuatro líneas principales

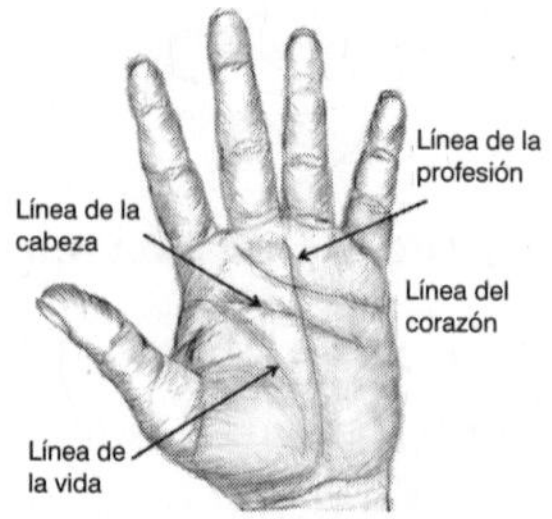

Las cuatro líneas principales

- La *línea de la vida* empieza en la base de los dedos pulgar e índice y bordea el montículo del pulgar revelando la duración de tu vida anterior, acontecimientos que tuvieron lugar, el estado de tu salud y tu vitalidad.

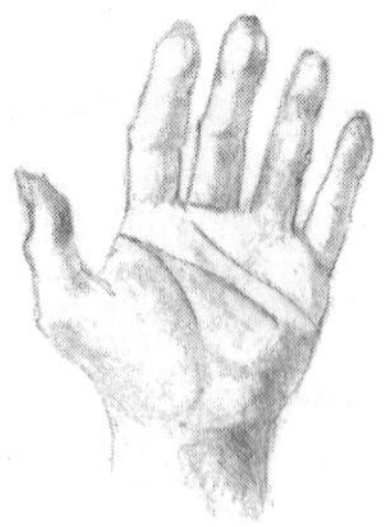

Línea corta

- Una línea corta que acaba en el punto medio de la palma no indica que murieras joven en tu última encarnación a menos que todas las otras líneas también se detengan. No obstante, muestra que en esta vida puedes estar predispuesto a tener problemas de salud. No tomes riesgos ni te exhaustes.

- Líneas rotas que aparecen como una cadena o grietas muy finas al principio de la línea de la vida indican que tuviste un inicio difícil en la vida o atravesaste una infancia problemática.

- La *línea de la cabeza* empieza a un lado de la palma, entre la base del dedo pulgar y el índice, y suele encontrarse por encima del inicio de la línea de la vida. La línea de la cabeza cruza la palma hacia el dedo meñique. No refleja el intelecto, sino más bien indica claridad, enfoque, concentración y capacidad para pensar las cosas bien sin distracciones.

Línea de la cabeza promedio

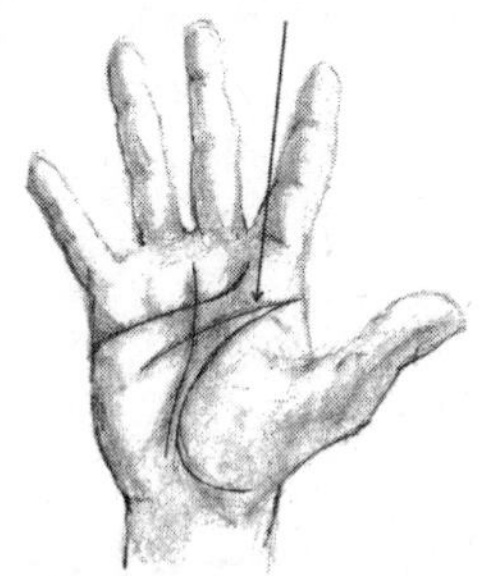

- Una línea fuerte y bien definida muestra que tenías la capacidad para pensar con precisión y claridad.
- Una línea débil o rota indica pensamiento poco claro y confusión.

- La *línea de la profesión* empieza en la base de la palma, a veces en el centro, a veces no) en la muñeca y sube directamente arriba hacia donde los dedos tocan la palma. El principio y el final de la línea de la profesión pueden variar. A veces la línea de la profesión es débil y estrecha y a veces ni siquiera existe. Esta línea revela la calidad de tu carrera profesional en base a tu vida pasada: si se desarrollará con fluidez y facilidad o estará llena de dificultades y desafíos.

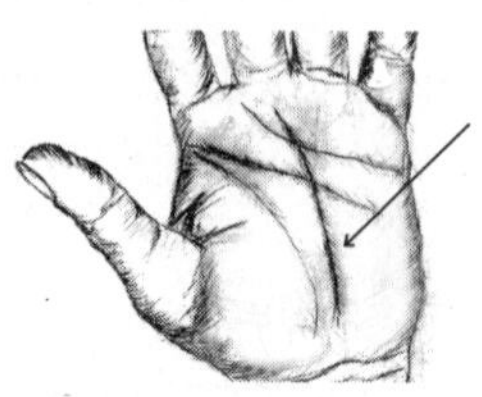

Línea de la profesión

- El punto en el que la línea de la profesión es fuerte, definida y profunda es el momento en el que tu carrera profesional llegó al punto más alto.
- Cuando la línea de la profesión es débil, poco definida y superficial, experimentaste dificultades en tu carrera profesional.
- Si la línea empieza en la base más cerca del montículo del pulgar, significa en tu profesión recibiste apoyo de un maestro o mentor.
- Si la línea de la profesión se cruza con la línea de la vida, esto indica que alguien te mostró el camino.
- Si la línea empieza en la muñeca, más cerca del lado de la palma donde está el meñique, significa que tu profesión estuvo basada en tu propia creatividad e invención.

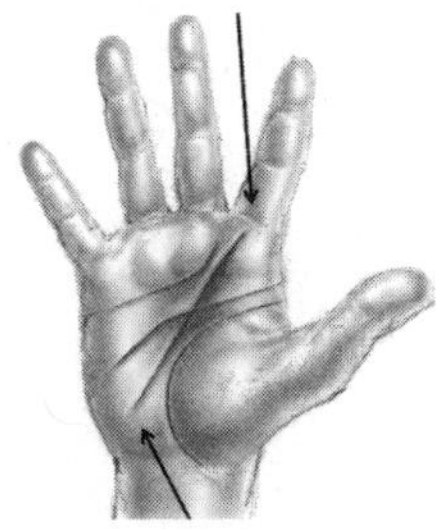

La línea de la profesión termina en el dedo índice

- Si la línea empieza en el medio de la palma en línea con el dedo índice, tu profesión estuvo basada en el trabajo duro.
- El dedo al cual apunta el final de la línea de la profesión muestra cómo se desarrolló ésta.
- No tener una línea de la profesión no significa que no tuvieras una. Simplemente significa que tu profesión no te vino de forma natural o por destino. Tuviste que trabajar más duro en ella que otras personas.

- La *línea del corazón* empieza debajo del montículo del meñique y cruza la palma hacia el montículo del dedo índice, más o menos de forma paralela y por encima de la línea de la cabeza. Esta línea muestra cómo funcionaste emocionalmente. Revela tus sentimientos sobre el amor, cómo amaste y la condición física de tu corazón.
    - Una línea fuerte significa que sabías lo querías emocionalmente. Si está bien definida y no tiene cortes, tenías claro cuánto dar y cuánto recibir.

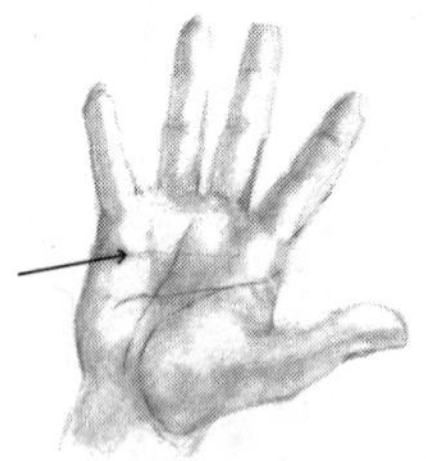

Línea del corazón débil

- Si la línea es menos definida, sentiste más confusión con respecto a tus límites y al equilibrio desde el punto de vista de tus emociones y lo que dabas.
- Si la línea de divide en dos, tenías sentimientos encontrados.

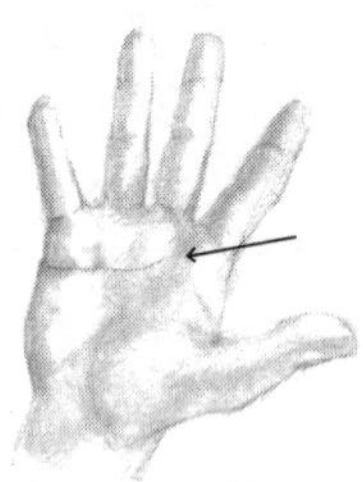

La línea del corazón termina entre el dedo índice y el medio

- Si la línea acaba entre el dedo índice y el corazón, muestra que te casaste por amor pero también te aseguraste de que tus pies se mantuvieran en la tierra y no perdiste tu cabeza.
- Si la línea llega hasta el dedo índice, tu relación estaba conectada con el liderazgo.

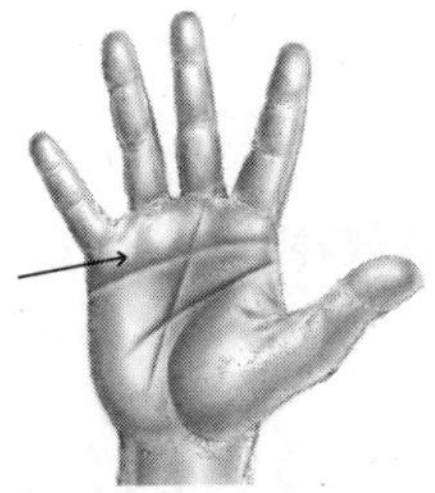

Línea del corazón larga

- Si la línea va desde un extremo de la palma al otro y acaba debajo del dedo índice, esto indica que compartiste demasiado; tanto que enterraste tus propias necesidades. Puede que carecieras de autoconfianza y de autoestima. No protegiste tu propia Luz como debieras haberlo hecho y puede que dejaras que otros se aprovecharan de ti.

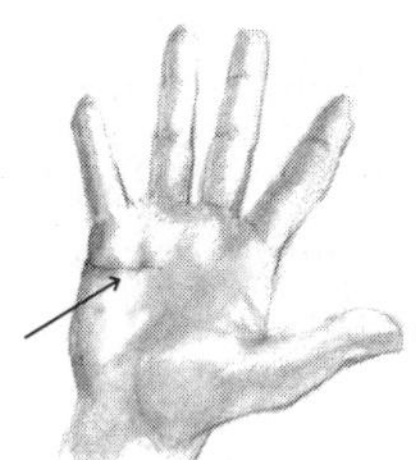

Línea del corazón corta

- Una línea del corazón más corta (una que no llega hasta el punto medio de la palma, sino que acaba antes) indica que tendías al egocentrismo.
- Si la línea desciende y toca o corta la línea de la cabeza y la línea de la vida, tuviste una tendencia a ser dependiente. Tenías pocos pensamientos autónomos.

Conclusión

Continuará...

El *Zóhar* dice:

> *En el caso de un hombre totalmente justo, todos sus méritos están Arriba y sus transgresiones Abajo. Para un hombre totalmente malvado, sus transgresiones están Arriba y todos sus méritos están Abajo.*
>
> —El *Zóhar*, Behar 11:67

¿Qué significa esto?

Todos somos un poco negativos y un poco positivos. Una persona que es mayormente negativa pero lleva a cabo algunas acciones positivas, recibe su recompensa en el mundo físico ahora, pero sus deudas la persiguen hasta su próxima vida. De esta forma, tendrá la oportunidad de corregirlas. Una persona mayormente positiva que lleva a cabo algunas acciones negativas paga sus deudas en esta vida y se lleva su buen crédito con ella a la vida siguiente.

¿Cómo sabemos que nuestra alma está completa y preparada para reunirse con la Luz? Cuando nuestra alma puede mirar atrás y decir: "Yo tenía un trabajo que hacer en este mundo. He creado un espacio donde hay vida, donde he ayudado a los demás. La gente que está a mi alrededor se ha beneficiado de mi presencia. Estoy satisfecho conmigo mismo. Estoy satisfecho con las cosas que he hecho en mi vida. Me siento pleno: he amado, y soy amado".

Estar completo significa que las personas nos conocen y que se han vuelto mejores porque nosotros existimos. Podemos evaluar lo que hemos logrado en relación a la familia, los amigos, la comunidad o el servicio de cualquier tipo. Como miembros de la raza humana, sentimos que no hay ningún lugar al que debamos ir; hicimos todo lo que pudimos. Podemos recordar nuestras vidas y llenar nuestro libro de cuentas con nuestros logros.

Sin embargo, aun en un caso como este en el cual hemos cambiado las vidas de las personas para su bienestar, puede que regresemos una vez más porque tengamos un papel superior que alcanzar. O puede que hayamos realizado nuestro trabajo, pero decidamos volver simplemente para ayudar a los demás.

Otra forma de saber si un alma está completa es que ya no teme a la muerte. Rav Isaac Luria tenía sólo 38 años cuando dejó este mundo, pero logró una enorme cantidad de cosas en ese corto periodo de tiempo, mientras que otras personas que viven 100 años consiguen muy poco. La completitud de nuestra alma no tiene nada que ver con la edad. Tiene que ver con formar parte de algo más grande que nosotros mismos.

Una vez había dos orugas que eran grandes amigas. Lo hacían todo juntas y se amaban mucho la una a la otra. Un día, una de las orugas desapareció. La otra la buscó por todas partes pero no pudo encontrarla, así que se puso a llorar. Mientras lloraba, una bella mariposa volaba por encima de ella. La mariposa le preguntó: "¿Por qué estás llorando, amiga mía? Estoy justo aquí".

Hasta aquel instante, la afligida oruga no pudo ver el cuadro completo. Pensaba que había perdido a su amiga, pero en verdad no era así.

El alma es como una rueda. Para poder obtener el máximo provecho de su energía necesita hacer su ciclo completo, con las subidas y las bajadas. Ese viaje engloba muchas vidas. Vamos de historia en historia. En una vida podemos ser ricos, y en otra ser pobres. Las cosas que se nos pasaron en nuestra vida anterior las podemos hacer ahora. La fuerza interna de nuestra alma nos mueve constantemente hacia adelante. Aunque seamos negativos e hirientes, eventualmente la chispa de Luz que el Creador nos ha dado regresará a su fuente.

La mayoría de nosotros teme al movimiento del alma de una vida a la siguiente. Quizá esto se deba a que los seres queridos que nos han dejado no han vuelto para asegurarnos que están bien en el otro lado. Quizá tenemos miedo a la muerte porque nuestra alma sabe que no ha finalizado lo que vino a hacer a esta vida. Pero una vez que nos damos cuenta de que la muerte no es el final del juego sino sólo una oportunidad para jugar de nuevo, no tenemos nada que temer. En realidad, podemos sentirnos más poderosos cuando entendemos que, igual que la muerte no es definitiva, tampoco lo es ninguna acción que podamos llevar a cabo en nuestra vida pasada, presente o futura. Cada momento es un momento en el que podemos elegir corregir la chispa que es nuestra alma, para que podamos devolvérsela a nuestro Creador tan perfecta como el día en el que nos fue entregada.

...**continuará**...

Notas a pie de página:

1. Ian Stevenson, *Children Who Remember Previous Lives: A Question of Reincarnation, Carolina del sur, USA, McFarland &Company, Inc. Publishers, 2000.*

2. Ian Stevenson, *Reincarnation and Biology: A Contribution to the Etiology of Birthmarks and Birth Defects Volume 1: Birthmarks,* **Praeger Publishers**, *30 de abril de 1997.*

3. Jeffrey J. Keene, *Someone Else's Yesterday: The Confederate General and Connecticut Yankee: Past Life Revealed,* Editorial *Blue Dolphin Inc., Nevada, USA, 2003, página 2.*
   Fotografías impresas con premiso expreso de Jeffrey Keene

4. *ABC NEWS, Primetime,* American Broadcasting Company, 15 de abril de 2004, 06:48PM, Televisión.

5. Barbro Karlen, *And the Wolves Howled: Fragments of Two Lifetimes, Clairview Books, Londres, 2000, páginas 5 & 6.*

Más sabiduría de Karen Berg

Dios usa lápiz labial
Por Karen Berg

Durante miles de años, se prohibió a las mujeres estudiar la Kabbalah, la antigua fuente de sabiduría que explica quiénes somos, y cuál es nuestro propósito en el universo. Karen Berg lo cambió todo. Ella abrió las puertas del Centro de Kabbalah a todo aquel que quisiera aprender.

En Dios usa lápiz labial, Karen Berg comparte la sabiduría de la Kabbalah, específicamente, cómo te afecta a ti y a tus relaciones. También revela el lugar especial que ocupa la mujer en el universo, y por qué las mujeres tienen una ventaja espiritual sobre los hombres. Karen nos cuenta cómo encontrar a nuestra alma gemela, y nuestro propósito en la vida, así como ayudarnos a convertirnos en mejores seres humanos.

Simplemente Luz: Sabiduría del corazón de una mujer
Por Karen Berg

De la mujer considerada por muchos como su "madre espiritual" y cuya obra ha afectado a millones de vidas por todo el mundo, he aquí un libro con un mensaje simple y directo desde el corazón: todo gira alrededor del amor y el compartir.

La voz única de Karen te servirá de inspiración y te ayudará a confrontar los retos cotidianos. Abre el libro por cualquier página siempre que encuentres un momento, y empezarás a descubrir las claves para llevar una vida más plena y feliz.

Encontrar la Luz a través de la oscuridad: Lecciones inspiradoras basadas en la Biblia y en el Zóhar
Por Karen Berg

Encontrar la Luz a través de la oscuridad invita al lector a realizar un viaje transformador. Estos ensayos inspiradores basados en la Biblia y el *Zóhar* nos ayudan a entender las lecciones que nuestra alma escogió vivir, ver las dificultades como oportunidad para cambiar y darnos cuenta de que todo forma parte del plan divino de Dios. Sólo entonces podemos encontrar dicha en el crecimiento espiritual. Al portar la antorcha de los maestros de la Kabbalah, Karen Berg, Directora Espiritual del Centro de Kabbalah, nos recuerda que la Luz no se revela a través de la Luz, se revela a través de la oscuridad. Con esta conciencia, despertamos para ver de qué se trata la vida en realidad, qué vinimos a ser y qué queremos hacer verdaderamente.

Dos personas desiguales para cambiar al mundo: Memorias de Karen Berg

Esta no es una biografía tradicional con una enumeración cronológica de fechas, lugares y eventos, porque la de mi esposo no fue una existencia tradicional. Entretejidos con detalles de su vida y de nuestra vida juntos, encontrarás muchas lecciones que él enseñó y las ideas que más lo apasionaron. Cada uno de sus pensamientos y acciones formaban parte de un todo más amplio: un conocimiento profundo del universo que Philip Berg, quien más tarde se conocería como el Rav, adquirió y luego impartió. Como su esposa, repaso estas páginas sobre nuestra vida juntos, y recuerdo momentos notables que definieron su carácter y su destino. Incluyo aquí eventos que son representativos de su pasión y propósito, eventos que también formaron mi propio viaje, nuestro tumultuoso matrimonio y la creación de la red mundial conocida como el Centro de Kabbalah.

Más formas de traer la sabiduría de la Kabbalah a tu vida

Astrología Kabbalística: Y el Significado de Nuestras Vidas
Por Rav Berg

La Kabbalah ofrece uno de los usos más antiguos de la astronomía y astrología conocidos por la humanidad. Más que un libro sobre horóscopos, *Astrología kabbalística* es una herramienta para entender la naturaleza del ser humano en su nivel más profundo, y poner ese conocimiento en práctica inmediatamente en el mundo real. Rav Berg explica por qué el destino no es lo mismo que la predestinación, explicando que tenemos muchos futuros posibles y que podemos ser los amos de nuestro porvenir. *Astrología kabbalística* revela los desafíos que hemos enfrentado en encarnaciones anteriores, y por qué y cómo tenemos que superarlos aún.

EL PODER DE LA KABBALAH: Trece principios para superar desafíos y alcanzar la realización
de las enseñanzas de Rav Berg

La realidad que conocemos es la realidad física, es decir, la realidad en la que vivimos. Sin embargo, hay otra dimensión, el mundo más allá de los cinco sentidos. Todo lo que realmente deseamos: amor, felicidad, paz mental, libertad, inspiración y respuestas, todo está a nuestro alcance cuando nos conectamos con esta otra realidad. El problema es que la mayoría de nosotros se desconectó de esa dimensión sin querer. Imagina que fuese posible tener acceso a esa fuente a voluntad y continuamente, ese es el poder de la Kabbalah. Este libro fundamental tiene nuevo contenido y es más aplicable a los desafíos actuales. Usa los ejercicios presentes en el libro para liberarte de creencias y hábitos comunes que te llevan a tomar malas decisiones. Los lectores descubrirán cómo hacer que sus acciones vayan de acuerdo con su propósito principal y serán más concientes de las posibilidades infinitas dentro de su propia vida.

Los Secretos del Zóhar: Relatos y meditaciones para despertar el corazón
Por Michael Berg

Los Secretos del *Zóhar* son los secretos de la Biblia, trasmitidos como tradición oral y luego recopilados como un texto sagrado que permaneció oculto durante miles de años. Estos secretos nunca han sido revelados como en estas páginas, en las cuales se descifran los códigos ocultos tras las mejores historias de los antiguos sabios, y se ofrece una meditación especial para cada uno de ellos. En este libro, se presentan porciones enteras del *Zóhar* con su traducción al arameo y al inglés en columnas contiguas. Esto te permite escanear y leer el texto en alto para poder extraer toda la energía del *Zóhar*, y alcanzar la transformación espiritual. ¡Abre este libro y tu corazón a la Luz del *Zóhar*!

El *Zóhar*

Creado hace más de 2.000 años, el *Zóhar* es un compendio de 23 volúmenes y un comentario sobre asuntos bíblicos y espirituales, escrito en forma de conversaciones entre maestros. Fue entregado por el Creador a la humanidad para traernos protección, para conectarnos con la Luz del Creador y, finalmente, cumplir nuestro derecho de nacimiento: transformarnos. El *Zóhar* es una herramienta efectiva para alcanzar nuestro propósito en la vida.

Hace más de ochenta años, cuando el Centro de Kabbalah fue fundado, el *Zóhar* había desaparecido virtualmente del mundo. Hoy en día, todo eso ha cambiado. A través de los esfuerzos editoriales de Michael Berg, el *Zóhar* está disponible en su arameo original y, por primera vez, en inglés y español con comentario.

Enseñamos Kabbalah, no como un estudio académico, sino como un camino para crear una vida mejor y un mundo mejor.

QUIÉNES SOMOS:

El Centro de Kabbalah es una organización sin fines de lucro que hace entendibles y relevantes los principios de la Kabbalah para la vida diaria. Los maestros del Centro de Kabbalah proveen a los estudiantes con herramientas espirituales basadas en principios kabbalísticos que los estudiantes pueden aplicar como crean conveniente para mejorar sus propias vidas y, al hacerlo, mejorar el mundo. El Centro fue fundado en el año 1922 y actualmente se expande por el mundo con presencia física en más de 40 ciudades, así como una extensa presencia en internet. Para conocer más, visita es.kabbalah.com.

QUÉ ENSEÑAMOS

Existen cinco principios centrales:

- **Compartir:** Compartir es el propósito de la vida y la única forma de verdaderamente recibir realización. Cuando los individuos comparten, se conectan con la fuerza energética que la Kabbalah llama Luz, la Fuente de Bondad Infinita, la Fuerza Divina, el Creador. Al compartir, uno puede vencer el ego, la fuerza de la negatividad.

- **Conocimiento y balance del Ego:** El ego es una voz interna que dirige a las personas para que sean egoístas, de mente cerrada, limitados, adictos, hirientes, irresponsables, negativos, iracundos y llenos de odio. El ego es una de las principales fuentes de problemas ya que nos permite creer que los demás están separados de nosotros. Es lo contrario a compartir y a la humildad. El ego también tiene un lado positivo, lo motiva a uno a tomar acciones. Depende de cada individuo escoger actuar para ellos mismos o considerar también el bienestar de otros. Es importante estar conscientes de nuestro ego y balancear lo positivo y lo negativo.

- **La existencia de las leyes espirituales:** Existen leyes espirituales en el universo que afectan la vida de las personas. Una de estas es la Ley de causa y efecto: lo que uno da es lo que uno recibe, o lo que sembramos es lo que cosechamos.

- **Todos somos uno:** Todo ser humano tiene dentro de sí una chispa del Creador que une a cada uno de nosotros a una totalidad. Este entendimiento nos muestra el precepto espiritual de que todo ser humano debe ser tratado con dignidad en todo momento, bajo cualquier circunstancia. Individualmente, cada uno es responsable de la guerra y la pobreza en todas partes en el mundo y los individuos no pueden disfrutar de la verdadera realización duradera mientras otros estén sufriendo.

- **Salir de nuestra zona de comodidad puede crear milagros:** Dejar la comodidad por el bien de ayudar a otros nos conecta con una dimensión espiritual que atrae Luz y positividad a nuestras vidas.

CÓMO ENSEÑAMOS

Cursos y clases. A diario, el Centro de Kabbalah se enfoca en una variedad de formas para ayudar a los estudiantes a aprender los principios kabbalísticos centrales. Por ejemplo, el Centro desarrolla cursos, clases, charlas en línea, libros y grabaciones. Los cursos en línea y las charlas son de suma importancia para los estudiantes ubicados alrededor del mundo quienes quieren estudiar Kabbalah pero no tienen acceso a un Centro de Kabbalah en sus comunidades.

Eventos. El Centro organiza y dirige una variedad de eventos y servicios espirituales semanales y mensuales en donde los estudiantes pueden participar en charlas, meditaciones y compartir una comida. Algunos eventos se llevan a cabo a través de videos en línea en vivo. El Centro organiza retiros espirituales y tours a sitios energéticos, los cuales son lugares que han sido tocados por grandes Kabbalistas. Por ejemplo, los tours se llevan a cabo en lugares en donde los kabbalistas pudieron haber estudiado o han sido enterrados, o en donde los textos antiguos como el Zóhar fueron escritos. Los eventos internacionales proveen a los estudiantes de todo el mundo la oportunidad de hacer conexiones con energías únicas disponibles en ciertas épocas del año. En estos eventos, los estudiantes se reúnen con otros estudiantes, comparten experiencias y construyen amistades.

Voluntariado. En el espíritu del principio Kabbalístico que enfatiza el compartir, el Centro provee un programa de voluntariado para que los estudiantes puedan participar en iniciativas caritativas, las cuales incluyen compartir la sabiduría de la Kabbalah a través de un programa de mentores. Cada año, cientos de voluntarios estudiantes organizan proyectos que benefician sus comunidades tales como alimentar a las personas sin hogar, limpiar playas y visitar pacientes de hospitales.

Uno para cada uno. El Centro de Kabbalah busca asegurar que cada estudiante sea apoyado en su estudio. Maestros y mentores son parte de la infraestructura educativa que está disponible para los estudiantes 24 horas al día, siete días a la semana.

Cientos de maestros están disponibles a nivel mundial para los estudiantes así como programas de estudio para que continúen su desarrollo. Las clases se realizan en persona, vía telefónica, en grupos de estudio, a través de seminarios en línea , e incluso con estudios auto dirigidos en formato audio o en línea.

Programa de mentores. El programa de mentores del Centro provee a nuevos estudiantes con un mentor para ayudarlo a comprender mejor los principios y las enseñanzas kabbalísticas. Los mentores son estudiantes experimentados quienes están interesados en apoyar a nuevos estudiantes.

Publicaciones. Cada año, el Centro traduce y publica algunos de los más desafiantes textos para estudiantes avanzados incluyendo el Zóhar, *Los escritos del Arí*, y las Diez emanaciones con comentario. Extraído de estas fuentes, el Centro de Kabbalah publica libros anualmente en más de 30 idiomas y a la medida de estudiantes principiantes e intermedios, las publicaciones son distribuidas alrededor del mundo.

Proyecto Zóhar. el Zóhar, texto principal de la sabiduría kabbalística, es un comentario de temas bíblicos y espirituales, compuesto y compilado hace más de 2000 años y es considerado una fuente de Luz. Los kabbalistas creen que cuando es llevado a áreas de oscuridad y de agitación, el Zóhar puede crear cambios y traer mejoras. El Proyecto Zóhar del Centro de Kabbalah comparte el Zóhar en 30 países distribuyendo copias gratuitas a organizaciones e individuos como reconocimiento de sus servicios a la comunidad y en áreas donde hay peligro. Más de 400,000 copias del Zóhar fueron donadas a hospitales, embajadas, sitios de oración, universidades, organizaciones sin fines de lucro, servicios de emergencia, zonas de guerra, locaciones de desastres naturales, a soldados, pilotos, oficiales del gobierno, profesionales médicos, trabajadores de ayuda humanitaria, y más.

Apoyo al estudiante:

Como la Kabbalah puede ser un estudio profundo y constante, es útil tener a un maestro durante el viaje de adquisición de sabiduría y crecimiento. Con más de 300 maestros a nivel internacional trabajando para más de 100 localidades, en 20 idiomas, siempre hay un maestro para cada estudiante y una respuesta para cada pregunta. Todos los instructores de Apoyo al estudiante han estudiado Kabbalah bajo la supervisión del Kabbalista Rav Berg. Para más información:

apoyo@kabbalah.com
kabbalah.com/es

Información de Contacto de Centros y Grupos de Estudio

ARGENTINA:

Buenos Aires
Teléfono: +54 11 4771 1432
kcargentina@kabbalah.com.ar
Instagram: Kabbalaharg

COLOMBIA:

Bogotá
Teléfonos: +57 1 616 8604
kcbogota@kabbalah.com
Instagram: kabbalahbogota

Cali
Teléfono: +57 317 843 6947
Instagram: kabbalahcali

ESPAÑA:

Madrid
Teléfono: +34 9 11232637 / 800300357 (gratuito)
spain@kabbalah.com
Instagram: kcespana

MÉXICO:

D.F. y la República
Teléfono: +52 55 5280 0511
kcmexico@kabbalah.com
Instagram: Kabbalahmx

Guadalajara
Instagram: kabbalahgdl

PANAMÁ:

Ciudad de Panamá
Teléfono: +507 694 93974
kcpanama@kabbalah.com
Instagram: kabbalahpanama

PARAGUAY:

Asunción
Teléfono: +595 976 420072
Instagram: kabbalahpy

VENEZUELA:

Caracas
Teléfono: +58 212 267 7432 / 8368
caracastkc@kabbalah.com
Instagram: Kabbalahve

CENTROS EN EUA:

Boca Ratón, FL +1 561 488 8826
Miami, FL +1 305 692 9223
Los Ángeles, CA +1 310 657 5404
Nueva York, NY +1 212 644 0025

CENTROS INTERNACIONALES:

Londres, Inglaterra +44 207 499 4974
Berlin, Alemania +49 30 78713580
Toronto, Canadá +1 416 631 9395
Tel Aviv, Israel +972 3 5266 800